山西青少年旅游丛书

"晋阳古城"与 "革命老区"

太原与吕梁篇

李永明 / 主编

康慧 / 编著

山西出版传媒集团

山西人民出版社

图书在版编目（CIP）数据

"晋阳古城"与"革命老区" / 康慧编著. —太原：
山西人民出版社，2024.6

（山西青少年旅游丛书 / 李永明主编）

ISBN 978-7-203-12660-7

Ⅰ．①晋… Ⅱ．①康… Ⅲ．①旅游指南－太原－青少
年读物②旅游指南－吕梁－青少年读物 Ⅳ.
①K928.925-49

中国国家版本馆CIP数据核字（2024）第026893号

"晋阳古城"与"革命老区"

编　　著：康　慧
责任编辑：蔡咏卉
复　　审：傅晓红
终　　审：梁晋华
装帧设计：张子亮

出 版 者：山西出版传媒集团·山西人民出版社
地　　址：太原市建设南路 21 号
邮　　编：030012
发行营销：0351－4922220　4955996　4956039　4922127（传真）
天猫官网：https://sxrmcbs.tmall.com　电话：0351－4922159
E－mail：sxskcb@163.com　发行部
　　　　　　sxskcb@126.com　总编室
网　　址：www.sxskcb.com

经 销 者：山西出版传媒集团·山西人民出版社
承 印 厂：山西出版传媒集团·山西人民印刷有限责任公司

开　　本：787mm×1092mm　　　1/16
印　　张：7.5
字　　数：160 千字
版　　次：2024 年 6 月　第 1 版
印　　次：2024 年 6 月　第 1 次印刷
书　　号：ISBN 978-7-203-12660-7
定　　价：78.00 元

01

02

03

01 概述

　　太原市和吕梁市作为山西两个重要的城市，都有着悠久的历史、璀璨的文化。太原北、东、西三面群山环绕，北靠系舟山、云中山，东据太行，西依吕梁，南接晋中平原，汾水纵贯全境而过。作为"控带山河，踞天下之肩背"、"襟四塞之要冲，控五原之都邑"的历史古都，自商周便一直是山西的军事和政治经济文化中心。"代马龙相杂，汾河海暗连。远戎移帐幕，高鸟避旌游。天下屯兵处，皇威破虏年。防秋嫌垒近，入塞必身先。"这首诗生动形象地描绘了太原的地理条件及其在军事上的重要地位。太原地区所处的北半球中纬度地理位置和山西高原的地理环境，使之能够接受较强的太阳辐射，光能热量比较丰富，同时，受西风环流的控制及较强的太阳辐射的影响，又使其气候干燥，降雨偏少，昼夜温差大，表现出较强的大陆性气候特点。冬季受西伯利亚冷空气的控制，夏季受东南海洋湿热气团影响，形成了冬季干冷漫长、夏季湿热多雨、春季升温急剧、秋季降温迅速的特点，春秋两季短暂多风，干湿季节分明。

　　吕梁市位于山西中部西侧、吕梁山脉中段，西与陕西隔黄河相望，东与晋中临汾水而邻，北接忻州，南毗临汾，因吕梁山纵贯全境而得名。说到"吕梁"，耳边就会响起一首歌：人说山西好风光，地肥水美五谷香。左手一指太行山，右手一指是吕梁……这首经典老歌，至今仍然在太行山、吕梁山之间回荡。吕梁市西隔黄河同陕西榆林相望，东北与省会太原相连，东部、东南部分别和晋中、临汾接壤。全市基本属于温带大陆性季风气候区，冬寒夏暑，四季分明。

　　太原由冲积平原和冲洪积倾斜平原组成，地势较为平坦。而吕梁是典型的黄土

太原美景

高原地貌，境内沟壑纵横、山峦起伏、梯田环绕。两地境内旅游资源丰富，文物古迹、旅游景点甚多。下面，就让我们徜徉在中华文化的长河中，慢慢品读历史，欣赏自然美景吧！

晋阳古城——太原

太原，古称晋阳，别称并州、龙城。历史上许多皇帝都与太原有过密切的关系，因此被称为"龙城"。相传尧和禹都曾建都于晋阳。西汉初年，汉文帝即位前作为代王，国都便在今天的太原。曹魏末期，晋王司马氏家族取代曹魏建立新政权，并以"晋"作为国号。前秦、北魏、东魏、北齐都曾定都于晋阳或以晋阳为政治中心。隋炀帝杨广即位前曾为晋王。隋末，李渊作为唐国公于太原留守，后起兵晋阳，建立大唐，并以太原的古称作为国号。太原也因此成为唐朝的龙兴之地，被唐太宗誉为"王业所基，国之根本"。唐高宗即位前也曾为晋王，而同样来自时属并州文水的皇后武则天则成为了中国历史上唯一的女皇帝。宋太宗即位前封号也为晋王。太原也因此被称为"潜龙之地"。

太原是中原的北大门，自古更是兵家必争之地，留下无数历史遗迹。既有被岁月雕琢而成的古老石窟，也有不同宗教派别的各种寺院，还有繁华的迎泽大街和获得联合国人居署颁发的"改善居住环境最佳范例奖"的汾河公园，等等。其中，晋祠作为古典园林，其间的宋代建筑和塑像非常珍贵；天龙山佛教石窟，其中的石雕像为中原地

山西人民革命烈士纪念塔

区罕见的作品;龙山道教石窟,是中国目前仅有的元代道教石窟;"双塔凌霄"的永祚寺已成为太原的标志。

一、红色景点

参观红色旅游景点,缅怀革命先烈的英勇事迹,是十分具有教育意义和历史意义的。厚重辉煌的革命历史,铸就了光耀千秋的山西红色文化。老一辈革命者和三晋人民用鲜血和生命铸就了气贯长虹的革命老区精神,催生了壮美瑰丽的红色文化!

太原市红色旅游景区有:山西人民革命烈士纪念塔、太原解放纪念馆、山西国民师范旧址革命活动纪念馆、高君宇故居、双塔革命烈士陵园、太原战役后勤指挥部旧址、红军东征路居地、晋绥八分区旧址、清徐县烈士陵园、阳曲县烈士陵园、黄坡革命烈士陵园、梅洞沟烈士陵园、李连寿烈士墓、郑村烈士陵园、睦联坡烈士陵园、滕嗣坤烈士墓、太原市小店区革命烈士纪念馆、西庄烈士陵园、中共阳曲县委员会旧址、景祭云烈士墓、西北野战军第七纵队司令部旧址等。

1.山西人民革命烈士纪念塔

山西人民革命烈士纪念塔位于文瀛湖北岸的孙中山纪念馆前,1951年3月7日落成,是中华人民共和国成立后太原最早修建的为纪念中国革命而牺牲的先烈的纪念性建筑,也是山西省第一个大型室外雕塑。纪念塔高4.03米,由塔身、塔座和塔顶群像组成。塔正面国徽下镌刻着毛泽东题词"死难烈士万岁"六个金字,东侧是徐向前的题词"浩壮高恒吕，泽惠过汾漳"。1995年此塔被山西省委、省政府命名为爱国主义教育基地。

2.太原解放纪念馆

太原解放纪念馆

太原解放纪念馆又名牛驼寨革命烈士陵园，位于太原市东山牛驼寨，当年这里曾是解放太原的主战场之一。牛驼寨地势陡峭，沟壑纵横，自古就是兵家必争之地，有"太原门户"之称。为了缅怀革命先烈，教育和启迪后人，1959年，太原市委、市政府决定在牛驼寨修建革命烈士陵园。陵园建成之后先后五次进行较大规模的修葺，1989年，太原解放40周年之际，在牛驼寨烈士陵园的基础上扩建太原解放纪念馆，1994年，徐向前元帅铜像在馆内落成。现在太原解放纪念馆分为太原解放纪念碑区、徐向前元帅铜像纪念区、解放太原展览区、烈士陵园区四部分。这里已成为"全国百家爱国主义教育示范基地""全国重点烈士纪念建筑物保护单位""全国100个红色旅游经典景区""国家国防教育示范基地"。

3.山西国民师范旧址革命活动纪念馆

山西国民师范旧址革命活动纪念馆

山西省立国民师范学校始建于1919年6月，整个校园占地面积20万平方米，是阎锡山创办的一所专门培养全省小学教师的师范学校，目的是通过控制小学教师来左右山西教育，进而长期统治山西。然而，让他失望的是学校开办不久，这里就成为中国共产党人和革命志士用来传播进步思想、宣传马列主义、发展党团组织的坚强阵地，成为大革命时期、土地革命战争时期和抗日战争初期中国共产党在山西重要的活动基地之一。周恩来、刘少奇、彭德怀、彭雪枫、周小舟等先后来到这里讲授抗日救国的方针、政策。在这个革命大熔炉里，一批批进步青年秘密地加入了共产党的组织，随后被派到全省各地开展抗日救亡工作，很快就打开了山西抗日救亡工作的局面，为共产党、八路军在山西创建抗日根据地打下了坚实的基础。山西国民师范旧址革命活动纪念馆于1996年1月被山西省人民政府公布为山西省重点文物保护单位，1995年3月被山西省委、省人民政府公布为山西省爱国主义教育基地，2001年6月被中央宣传部公布为全国爱国主义教育示范基地，2013年6月被中共山西省委党史办公室公布为山西省党史教育基地。

高君宇故居

4.高君宇故居

高君宇故居为全国重点文物保护单位、红色旅游经典景区、爱国主义教育基地。高君宇为中国共产党创始人和早期领导人之一，是中国共产党最早的56名党员之一。参加过五四运动、北京共产主义小组、京汉铁路工人大罢工，发起成立了北京社会主义青年团。是山西共产主义启蒙运动的先驱。生于1896年农历九月十六日，卒于1925年农历三月五日。他用29个春秋，谱写了一曲灿烂的人生篇章，为中国无产阶级革命事业做出了杰出贡献。

高君宇故居，位于太原市娄烦县峰岭底村。依山而建，坐北朝南，以砖砌窑洞为主，皆为青砖灰瓦，清末同治年间开始修建，被当地人称为"高家大院"。2019年10月7日，高君宇故居入选第八批全国重点文物保护单位名单。

5.太原双塔革命烈士陵园

太原双塔革命烈士陵园为太原市文物保护单位、红色旅游经典景区。位于太原市迎泽区双塔南巷甲字8号，始建于1954年，因毗邻永祚寺双塔而得名。陵园占地面积21万平方米，分纪念厅、墓园两大部分。纪念厅是并立的三座高大水泥结构建筑，正厅三层，仿歇山式建筑为骨灰室。厅内有高君宇等革命烈士事迹展览。陵园墓区占地面积

太原双塔革命烈士陵园

13万平方米,主墓区安葬着刘天章等烈士遗骨,称"三烈士"墓。墓冢为汉白玉筑砌,呈圆形。墓丘广场的对面建有用红色花岗岩、汉白玉、墨玉砌成的象征世界永久和平的烈士碑。烈士墓区共2800平方米,安葬着为太原解放事业而牺牲的430名烈士,这里青松围抱,翠柏环绕,肃穆庄严。

二、热门景点

截至2020年初,太原市共有市级以上文物保护单位208处,其中全国重点文物保护单位38处、省级文物保护单位13处、市级文物保护单位157处。

国家A级旅游景区有:森林公园、太原动物园、龙山石窟、窦大夫祠、太山龙泉寺、中国煤炭博物馆、东湖醋园、汾河公园、太原食品街、太原龙华寺、蒙牛乳业(太原)工业园、汾河水库、古交红豆山庄、太原白云寺、碑林公园、"晋农之窗"农业博览园。

全国重点文物保护单位有:太原文庙、崇善寺大悲殿、童子寺遗址、明秀寺、阳曲大王庙、国立山西大学堂旧址、阳曲轩辕庙、狐突庙、多福寺、不二寺、王家峰墓群、清源文庙、大佛寺(净因寺)、前斧柯悬泉寺、帖木儿塔、太原大关帝庙、辛庄开化寺、清徐尧庙、太原清真寺、太原纯阳宫。

清徐紫林醋业

三、非遗目录

近年来,太原通过建立健全名录体系、加强传承发展、确定保护重点,因地制宜、因类制宜,推进非遗传承保护工作,并取得了显著成效。截至目前,太原共有国家级非遗代表性项目18项、省级66项、市级160项;共有国家级非遗项目代表性传承人11人、省级60人、市级196人。非物质文化遗产以活态传承的方式为传统文化注入时代精神,促进了文旅创新发展。

国家级非遗代表性项目有:太原锣鼓、晋剧、莲花落、风火流星、砖雕、清徐彩门楼、剪纸、清徐老陈醋酿制技艺、琉璃烧制技艺、清徐徐沟背棍、晋祠庙会、中医养生(药膳八珍汤)、古建筑模型制作技艺、美和居老陈醋酿制技艺、六味斋酱肉传统生产工艺、郭杜林晋式月饼制作技艺、龙须面和刀削面制作技艺、抿尖和"猫耳朵"制作技艺等。

省级非遗代表性项目有小店牺汤、九大套、水母娘娘的传说、洗髓经、太原秧歌等。

四、传统美食

太原是一座有2500多年建城历史的文化名城,自古就有"锦绣太原城"的美誉,这里的美食也是五花八门、风格独特,那么太原到底有哪些传统美食呢?

1.山西刀削面。别称"驸马面",是山西的一种特色传统面食,据传是唐朝驸马柴绍发明,刀削面全凭刀削,因此得名。削面以刀工、削技绝妙也被称为"飞刀削面"。俗话说:世界面食在中国,中国面食在山西。工艺精巧的厨师削出的面条一根落汤锅、一根空中飘、一根刚出刀,根根削面如鱼跃,吃起来内虚、外筋,柔软光滑,容易消化。

2.羊杂割。又称"羊杂碎",是山西的一道地方名小吃,各地区都有不同的吃法。走在太原的大街小巷,随处可见挂着"羊汤馆"招牌的小店,店内放一口大锅在火上,里面是翻滚的老汤,配好的羊杂或羊肉等待下锅。根据个人口味,可配上粉条、面片或者"猫耳朵"。秋冬来一碗,顿时寒气散尽,神清气爽。

3.过油肉。过油肉是山西乃至北方普遍可见的菜品,但要说正宗还属太原的饭店做出来的味道。2018年9月10日,过油肉被评为山西十大经典名菜。正宗的过油肉要选猪里脊肉或元宝肉为主料,精切成铜钱厚的肉片,加蛋黄、淀粉、精盐、料酒等拌匀,放入油锅中打散炒熟,加木耳、玉兰片、葱白、菠菜等辅料烹炒而成,色泽金黄,配以一碗白米饭,真是

人间美味。

4.稍梅。也叫"烧麦""稍麦",是太原著名风味小吃。制作时,面皮用特制的擀面杖打成花褶,形同梅花。有"稍梅好吃难和面,皮薄挑馅打花难"的说法,是说制作稍梅技术难度较大,好的稍梅皮薄如纸、圆如盘、边花多,放在笼里,犹如朵朵梅花。

5.荞面灌肠。是太原大街上随处可见的小吃。制作方法是把荞麦面调成糊状,盛在容器里,上火蒸熟,冷却后脱离容器,因此周边的县市称其为"碗托",形象生动。山西灌肠制作多为家庭代传,其口感劲道,爽滑利口,调制简单,随吃随切,加入秘制卤汁,口感更佳。虽然叫灌肠,但是荞面灌肠和一般的用动物内脏制作的灌肠完全不一样,健康美味。

革命老区——吕梁

"吕梁"这个名字古老又文雅,东汉时期许慎《说文解字》云:"吕,脊骨也。象形。"就是说,吕是象形字,是脊梁骨的意思。因为脊梁骨之间有筋骨相连,所以古"吕"字上下两个口中间有一竖连接。可见,古人造字形象又简约。吕梁山就是脊梁山。在今吕梁市政府驻地离石区的东北部,与交城县、方山县交界处有一座大山,名为"骨脊山"。现在的八百里吕梁山脉,就是以此为核心意义命名的。最早记载吕梁的典籍战国《尚书·禹贡》说:大禹治水,"既载壶口,治梁及岐"。最早明确骨脊山就是吕梁山的记载,是宋代大学者蔡沈的《书集传》,其云:"梁山,吕梁山也。在今石州离石县之东北。"可见吕梁山在大禹治水时就做过贡献,现在的吕梁市名,溯源于此。实际上,从古至今每到重大时刻,吕梁人民都像大山的名字一样,总是为民族挺起坚强的脊梁。

吕梁辖离石区和中阳、文水、临县、方山、交城、交口、柳林、岚县、兴县、石楼10个县,代管汾阳、孝义两个县级市。这里有着丰富的矿产资源和人文资源,是三晋大地上一颗璀璨的明珠,用人杰地灵、物华天宝形容一点也不过分。该地区矿产资源品种齐全,除煤炭外,还有赤铁矿、磁铁矿、铅矿、白云石、石棉、石墨、大理石等。吕梁地区历史上人才辈出,武则天、刘胡兰的故乡文水县就在吕梁地区,宋代名将狄青、唐代大诗人宋之问、唐代大将郭子仪也都是吕梁汾阳人。吕梁也是中华民族发源地之一,历史悠久。旧石器时代,就有人类在这里生息、繁衍,也有新石器时代中晚期的石楼仰韶文化、兴县龙山文化。最早的建置,可追溯到春秋时代。虽说过去一直是山西的贫困地区之一,但是,这里有丰厚的文化遗产与优美的自然风光,成为山西的旅游胜地。

吕梁是革命老区，战争时期是红军东征主战场、晋绥边区首府和中央后委机关所在地。说起吕梁，首先令人记忆深刻的便是马烽、西戎的小说《吕梁英雄传》，这是战争年代吕梁人民不畏牺牲、前仆后继、艰苦斗争的真实写照。"吕梁精神"孕育于革命战争年代，是无数革命先烈抛头颅、洒热血而形成的民族精神，改革开放以来吕梁发生了翻天覆地的变化，也为"吕梁精神"注入了新的活力。"吕梁精神"是在特殊的地理环境中孕育而成的精神财富，是吕梁人民革命和建设制胜的法宝。

一、红色景点

吕梁市红色旅游景区有：方山革命烈士纪念塔、山西吕梁山英雄博物馆、关上战斗纪念碑、孝义市石像抗日模范村纪念馆、三交镇红色景区、吕梁英雄广场、汾阳六十七烈士殉难处、交口红军东征总指挥部旧址、红军东征纪念馆、贺昌烈士纪念陵园、党家寨刘志丹将军殉难纪念亭、离石县抗日民主政府旧址、离石烈士陵园、临县中共中央西北局旧址、陕甘宁晋绥联防军旧址、中共中央后委机关旧址、临县烈士陵园、晋绥边区革命纪念馆、晋绥解放区烈士陵园、兴县"四八"烈士纪念馆、中共晋西区党委遗址、晋绥日报社旧址、抗日军政大学第七分校旧址、晋西北军区司令部旧址、岚城八路军第一二〇师司令部旧址等。

1.方山革命烈士纪念塔

方山革命烈士纪念塔位于吕梁市方山县圪洞镇圪洞村圪洞街南。该塔为楼阁式砖塔，基座平面呈长方形，中间有一南北向石券门洞。塔内现存碑刻5通、石碣5方，温元清烈士塑像1尊，反映抗日战争时期的彩画91幅。第一、二层以连环画的形式描绘了方山人民在共产党的领导下英勇抗击日伪军以及解放全方山的整个过程。第三层彩画主要记载了革命烈士温元清被害的过程。这些彩画人物栩栩如生、形态多样、写实性强，有较高的艺术鉴赏价值和红色教育意义。

2.山西吕梁山革命博物馆

山西吕梁山革命博物馆2016年5月经省文物局、省民政厅批准成立，是一座传播红

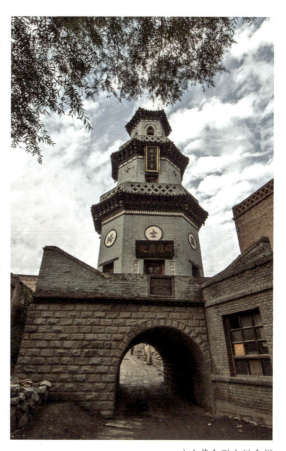

方山革命烈士纪念塔

吕梁英雄广场

色文化、传承吕梁精神的民办博物馆。现馆藏文物一万多件,展品涵盖了新民主主义革命时期至中华人民共和国成立以来吕梁革命英雄的红色遗存,所藏文物大部分是由吕梁当地征集而来,因此被许多专家、学者誉为"能够真实反映吕梁革命老区历史的活的教科书",被吕梁市委党史研究室命名为"晋绥革命历史文化研究教育基地",被吕梁市委、市政府命名为"吕梁市爱国主义教育基地"。吕梁革命文物展占地面积1000多平方米,共展出文物531件,分设"吕梁英烈""红军东征""抗日烽火""解放战争"四个展区,全面反映了吕梁在中国革命历史进程中的重要贡献和历史地位。

3.关上战斗纪念碑

1936年2月26日,由彭德怀总司令指挥,红一军团的一师、二师、四师三支劲旅参战,与阻止红军东进抗日的阎锡山王牌军、素有"满天飞"之称的晋绥军独立第二旅周原健部在关上村展开了一场阻截与反阻截的战斗。此战红军全胜,这也是红军东征史上的第一个大胜仗,首战告捷,鼓舞了士气,震慑了阎锡山当局,为实现红军东征战略奠定了坚实基础。为缅怀革命先烈、传承红色记忆,中阳县委、县政府修建了"关上战斗纪念碑"。纪念碑碑身高19.36米,寓意关上战斗发生在1936年,碑体由三个梯形面组成,三棱造型,象征着红一军团三支雄师像三把钢刀刺向敌人。纪念碑于1995年8月1日奠基,1996年2月26日落成。聂荣臻元帅题写了"关上战斗纪念碑"碑名,杨成武将军作了"缅怀先驱,激励后人"题词。在纪念碑附近隐约可见残留的战斗痕迹,这里的每一块碎石上都洒下了战士们未冷的热血,仿佛在诉说着当年红军的执着信念和必胜决心,鼓舞着每一个来此参观的人。

4.孝义市石像抗日模范村纪念馆

孝义市石像抗日模范村纪念馆于1984年5月被孝义县人民政府公布为孝义县文物保护单位,1995年4月被中共孝义市委、市政府公布为孝义市青少年教育基地,2013年6月被中共山西省委党史办公室公布为山西省党史教育基地。

5.三交镇红色景区

三交镇红色景区位于柳林县城西南,西临黄河,因地处中阳、石楼及陕西清涧三县之间,故名"三交",自古就有"鼓击震两省,鸡鸣惊四县"之美誉。1936年2月红军东征在此地强渡黄河,拉开了东进抗日的序幕。周恩来莅临此地,亲自指导建立了山西省第一个红色政权。景区包括刘志丹烈士殉难处、三交镇红军东征纪念馆、坪上渡口纪念碑、红军东征强渡黄河浮雕等。

二、热门景点

截至2019年末,吕梁境内有古建筑、古遗址、古窟寺、石刻、壁画等文物古迹5901

处，其中全国重点文物保护单位26处、省级重点文物保护单位37处、省级以上自然风景区5处。

国家4A级旅游景区：孝义孝河国家湿地公园、北武当山、金龙山文化旅游景区、果老峰水上乐园、汾阳杏花村汾酒作坊、贾家庄文化生态旅游区、胜溪湖森林公园、孝义三皇庙、卦山、碛口风景名胜区、交城玄中寺。

国家级公园：孝义孝河国家湿地公园、文峪河国家湿地公园、庞泉沟国家级自然保护区。

全国重点文物保护单位：文水上贤梵安寺塔、交口千佛洞、孝义三皇庙、汾阳杏花村汾酒作坊、卦山天宁寺、东龙观墓群、孝义天齐庙、碧村遗址、交城竖石佛摩崖造像、碛口古建筑群、柳林香严寺、孝义慈胜寺、汾阳五岳庙、汾阳关帝庙、柏草坡龙天土地庙、兴东垣东岳庙、太符观、中阳楼、汾阳后土圣母庙、山神峪千佛洞石窟、玉虚宫下院、马茂庄汉墓群、天贞观、大武鼓楼、南村城址、石楼后土圣母庙、义居寺、汾阳文峰塔、则天庙、胡家沟砖塔、善庆寺、峪口圣母庙、安国寺、于成龙故居。

庞泉沟

孝义三多村寂照寺

交口山神峪千佛洞石窟

孝义临黄塔

汾阳杏花村汾酒作坊

省级文物保护单位有：三多村寂照寺、临黄塔、于成龙墓、交城永福寺、麻家堡关帝庙、宿皇寺、开栅能仁寺、柳林观音庙、乌突戍古城遗址、前曲峪李鼎铭旧居、柳林玉虚宫、交城瓦窑遗址、狄青墓、贺龙中学、秀容古城遗址、韩极石牌坊及韩极碑亭、隋城遗址、峪道河遗址、坪上遗址、汾阳铭义中学、交城古瓷窑址、汾阳禅定寺、柳林南山寺、柳林双塔寺、上贤遗址、杏花村遗址、齐圣广佑王庙、仁泉寺、虞城五岳庙、汾阳报恩寺、堡城寺龙王庙、法云寺、离石文庙、北垣底遗址。

其他风景区有：凤山道院、离石宝峰山、吴城遗址、众神庙、兰若山金刚寺、高红遗址、殿山圣母庙与元代戏台、四照楼、郝家大院、上顶山、柏洼山、西庄历史文化名村、童子寺燃灯塔、云梦山风景、状元池、苍儿会生态旅游区、关帝山、交城山、柳林抖气河、柳林黄河三峡、皮影木偶艺术博物馆。

三、非遗目录

历史的长河留下了丰厚的文化积淀和人文遗存，形成了吕梁地区充满独特魅力的民俗文化，展示着吕梁人"艰苦奋斗，自强不息"的优秀品质。各县市的岁时年俗、婚丧嫁娶等传统习俗，都蕴含着深厚的传统文明，也装点着人们的美好生活。石楼殷商青铜器享誉世界；离石弹唱、临县道情、方山道教音乐原始古老，曲调悠扬；中阳县的剪纸艺术是对远古

孝义皮影戏

人类图腾崇拜文化的现代表达；吕梁汉画像石是黄河文明的印记。这些都展现出吕梁人民的淳朴民风和文化内涵。

本地区独具特色的民俗项目有临县伞头秧歌、临县大唢呐、汾孝地秧歌、孝义碗碗腔、文水鈲子、岚县八音会、交城毛皮书画、孝义皮影戏、贾家庄婚俗、双池高跷、交口刺绣、转九曲等。

四、传统美食

兴县地方小吃、汾州八大碗、柳林碗托、岚县面供、岚县土豆宴、柳林大红枣、冀村长山药、孝义火烧、汾州核桃、沙棘汁、水晶豆腐、孝义花椒、兴县胡麻油。

柳林碗托

汾州八大碗

岚县土豆宴

02 太原

晋祠　蒙山大佛

晋阳古城　天龙山石窟

中华傅山园

永祚寺

赵树理旧居　清徐宝源老醋坊

千佛寺

晋祠

简介 | JIANJIE

　　晋祠是国家4A级旅游景区，在太原市西南25公里悬瓮山下，际山枕水，林泉幽静。始建于北魏，是为纪念晋国开国诸侯唐叔虞(后被追封为晋王)及母后邑姜而建，是中国现存最早的皇家园林，为晋国宗祠。祠内有几十座古建筑，具有丰富的中华传统文化特色。主要文物有圣母殿、木雕盘龙、鱼沼飞梁、金人台、唐碑亭、水母楼、奉圣寺、水镜台、对越坊、周柏唐槐、圣母殿雕塑、难老泉等。难老泉俗称"南海眼"，其名是北齐时据《诗经·鲁颂》中"永锡难老"之句而来。泉上有亭，亭上悬挂着清代学者傅山写的"难老泉"三个字。对晋祠风光进行描绘始见于北魏郦道元所著《水经注》，之后历代无数名人雅士纷至沓来，他们写诗、作画，并被后世人化为晋祠中的匾额和石碑，成为晋祠文化遗产中不可分割的一个组成部分。

走进晋祠，便能感受到人们说的："晋祠是一座艺术殿堂，一处风景园林，一个丰厚的历史博物馆。"这主要体现在"晋祠三绝"：周柏唐槐、彩塑、难老泉。周柏是周朝种植的柏树，树龄已有2800多年了，树干粗壮，需数人才能合围；唐槐则是唐朝时种植的槐树，位于水镜台前，每到春夏之季，树绿荫浓。圣母殿内供奉着43尊宋代的彩塑。主像是圣母邑姜，其余42尊是宦官、女官和侍女彩塑。这些彩塑形态各异、栩栩如生，开创了雕塑艺术写实作品的先河，不仅是中国雕塑史上唯一最早反映宫廷人物的造像，更是罕见的精品。"三绝"中最后一绝是难老泉，俗称"南海眼"，当年诗人李白来到这里，曾赞叹："晋祠流水如碧玉。"

1961年3月，晋祠被国务院公布为第一批全国重点文物保护单位。2001年，被国家旅游局评为首批4A级旅游景区。2009年5月，被国家文物局批准为国家二级博物馆。

晋祠

[宋]欧阳修

古城南出十里间，鸣渠夹路何潺潺。
行人望祠下马谒，退即祠下窥水源。
地灵草木得余润，郁郁古柏含苍烟。
并儿自古事豪侠，战争五代几百年。
天开地辟真主出，犹须再驾方凯旋。
顽民尽迁高垒削，秋草自绿埋空垣。
并人昔游晋水上，清镜照耀涵朱颜。
晋水今入并州里，稻花漠漠浇平田。
废兴髣髴无旧老，气象寂寞余山川。
惟存祖宗圣功业，干戈象舞被管弦。
我来览登为叹息，暂照白发临清泉。
鸟啼人去庙门阖，还有山月来娟娟。

■■解读■■

欧阳修（1007—1072），字永叔，号醉翁，晚号六一居士，北宋政治家、文学家。宋代文学史上最早开创一代文风的文坛领袖，与韩愈、柳宗元、苏洵、苏轼、苏辙、王安石、曾巩合称"唐宋八大家"，并与韩愈、柳宗元、苏轼被后人合称为"千古文章四大家"。

这首诗开篇寥寥数语，交代了晋阳城与晋祠的关系，说明晋祠位于悬瓮山麓，依山傍水而建。后写此地人杰地灵，点出了"晋祠三绝"之一的周柏唐槐，之后叙述晋阳城的风雨历史以及该地区人民骁勇善战的情形。欧阳修作为一代文宗，对晋阳城

的兴衰荣辱进行了历史的回照，表达了对开明君主的歌颂。该诗吊古怀今，寄情于"鸟啼""山月"，映射出对历史的感慨。

晋祠

梁衡

出太原西南行五十里，有一座山名悬瓮。山上原有巨石，如瓮倒悬。山脚有泉水涌出，就是有名的晋水。在这山下水旁，参天古木中林立着百余座殿、堂、楼、阁、亭、台、桥、榭。绿水碧波绕回廊而鸣奏，红墙黄瓦随树影而闪烁，悠久的历史文物与优美的自然风景，浑然一体，这就是古晋名胜晋祠。

西周时，年幼的成王姬诵即位，一日与其弟姬虞在院中玩耍，随手拾起一片落地的桐叶，剪成玉圭形，说："把这个圭给你，封你为唐国诸侯。"天子无戏言，于是其弟长大后便来到当时的唐国，即现在的山西做了诸侯。《史记》称此为"剪桐封弟"。姬虞后来兴修水利，唐国人民安居乐业。后其子继位，因境内有晋水，便改唐国为晋国。人们缅怀姬虞的功绩，便在这悬瓮山下修一所祠堂来祀奉他，后人称为晋祠。

…………

然而，最美的还是祖先留给我们的古代文化，这里保存着我国古建筑的"三绝"。

一是圣母殿。这是全祠的主殿，是为虞侯的母亲邑姜所修的。建于宋天圣年间，重

修于宋崇宁元年（1102），距今已有八百八十年。殿外有一周围廊，是我国古建筑中现在能找到的最早实例。殿内宽七间、深六间，极宽敞，却无一根柱子。原来屋架全靠墙外回廊上的木柱支撑。廊柱略向内倾，四角高挑，形成飞檐。屋顶黄绿琉璃瓦相扣，远看飞阁流丹，气势雄伟。殿堂内宋代泥塑的圣母及四十二尊侍女，是我国现存宋塑中的珍品。她们或梳妆、洒扫，或奏乐、歌舞，形态各异。人物形体丰满俊俏，面貌清秀圆润，眼神专注，衣纹流畅，匠心之巧，绝非一般。

二是殿前柱上的木雕盘龙。这是我国现存最早的盘龙殿柱。雕于宋元祐二年（1087）。八条龙各抱定一根大柱，怒目利爪，周身风从云生，一派生气。距今虽近千年，仍鳞片层层，须髯根根，不能不叫人叹服木质之好与工艺之精。

三是殿前的鱼沼飞梁。这是一个方形的荷花鱼沼，却在沼上架了一个十字形的飞梁，下由三十四根八角形的石柱支撑，桥面东西宽阔，南北翼如。桥边栏杆、望柱都形制奇特，人行桥上，随意左右，如泛舟水面，再加上鱼跃清波，荷红映日，真乐而忘归。这种突破一字桥形的十字飞梁，在我国现存的古建筑中是仅有的一例。

…………

这晋祠从周唐叔虞到任立国后自然又演过许多典故。当年李世民就从这里起兵反隋，得了天下。宋太宗赵光义，曾于太平兴国四年（979）在这里消灭了北汉政权，从而结束了中国历史上五代十国的分裂局面。一九五九年陈毅同志游晋祠时兴叹道："周柏唐槐宋献殿，金元明清题咏遍。世民立碑颂统一，光义于此灭北汉。"

晋祠就是这样，以她优美的身躯来护着这些珍贵的历史文化。她，真不愧为我国锦绣河山中一颗璀璨的明珠。

■■解读■■

梁衡，著名学者、新闻理论家、作家，山西霍州人。这是一篇以实体事物为说明对象的文艺性说明文。作者用说明性文字和生动的景物描写相结合的艺术手法，写出了晋祠的自然美与人文美，文章深邃耐读，1982年起入选中学语文教材，成为传统保留篇目。

◆藕瓜瓜

指晋祠莲藕, 俗称莲菜。传说是庙内的一个和尚从南方引进的, 先是在庙里的荷塘试种, 后来便在晋祠附近广泛种植。这里种出的莲藕茎直粗大, 切开后丝长尺余, 芳香扑鼻。逢年过节各地商贩都来采购, 远销河北、内蒙古等地。

◆晋祠大米

晋祠大米产于晋祠镇一带, 是山西大米中的优质品种。这种大米晶莹饱满, 呈半透明状, 米色微褐, 性软而韧, 连蒸数次, 仍然粒粒分明, 吃起来清香爽口, 素有"七蒸不烂"之说。因而, 人们把晋祠大米与天津小站大米一起列为华北名产, 晋祠由此而享有"北国江南"之美誉。

◆晋祠元宵

晋祠一带不仅盛产大米, 也盛产优质的糯米, 用它做出的元宵在锅里越煮越大、越煮越香, 当地人称其为"元宵蛋蛋"。晋祠元宵的内馅有核桃仁、莲子粉、玫瑰酱、芝麻等, 与红糖精心配制而成。其馅制好后, 放在筛子中的糯米面里翻滚, 直到做成元宵。如今, 晋祠的元宵是当地百姓元宵佳节的首选吃食。

蒙山大佛

简介 | JIANJIE

蒙山大佛为国家4A级旅游景区、太原市文物保护单位。蒙山大佛由于开放时间较晚，相比于四川的乐山大佛似乎没什么名气，但却是中国现存最早的大型摩崖石刻大佛，比乐山大佛还要早上一百五六十年，是世界上迄今为止有确切纪年的最早的大型石刻佛像。蒙山大佛始建于北齐天保年间，距今已有约1500年的历史。其位于太原市晋源区寺底村西北，是晋阳佛教圣地和避暑胜地。大佛依山镌刻，结跏趺而坐，双手施禅定印，佛体厚胖肥肩，佛超山峦，高遏云天，气势非凡。据史料记载，佛高"二百尺"（约66米），略低于四川乐山大佛，高于巴米扬大佛。在寥若晨星的世界摩崖石刻佛像中，中国蒙山大佛无疑地位显赫。蒙山大佛被发现时，佛头已经丢失。2007年起，太原市对蒙山大佛进行了保护和开发，为佛像补修了佛头。2008年10月，蒙山大佛向公众开放。大佛对面存有北宋淳化元年（990）建造的连理塔。蒙山大佛自问世以来，备受皇家重视、僧众喜爱，为弘扬和传播佛教文化发挥了重要作用。关于蒙山大佛还有个神奇的传说。据说唐高祖李渊在起兵前晚得一梦，梦中竟见佛光普照，醒后认为是祥瑞之兆，从而更加坚定了起兵的决心，遂兵兴晋阳，终成大业。可真是：隔山隔水望蒙山，缘来缘去几徘徊；于今犹记蒙山梦，彼岸仙檀何世开……

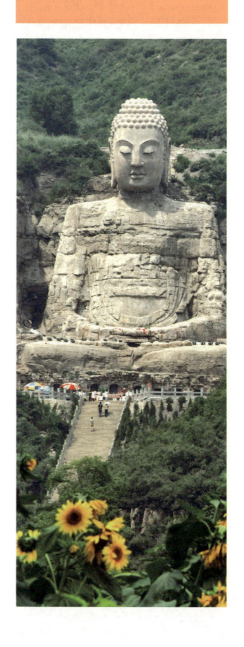

西山大佛历史

蒙山一惟

翻开历史，我们会惊奇地发现：蒙山开化寺的兴衰，是和晋阳城的命运紧紧联系在一起的。隋唐时期，太原在全国的地位举足轻重，蒙山开化寺大佛更是声名远扬。

隋文帝杨坚曾令皇子杨广、杨俊等驻守太原。杨坚出生在寺庙，并且在寺庙中度过青少年时代，故而对佛庙有着一份特殊的感情。杨广、杨俊为讨好父亲，在任所大肆修建寺庙。杨广为晋王时改开化寺为净明寺；杨俊为并州总管时，修建蒙山开化寺大佛阁。

据有关资料记载，隋末李渊出任太原留守，常来瞻礼，复称开化。当初太原公子李世民怂恿其父李渊起义时，李渊开始犹豫不决，后来发现蒙山开化寺夜晚大放祥光，李世民乘机说这是天降吉祥，李渊这才痛下决心。晋阳举义，奠定了大唐三百年的基业。故而，开化寺与李世民父子有着不解的渊源。

唐高宗李治和皇后武则天于显庆末年巡幸并州，来瞻礼开化寺、童子寺两大佛，两年后又派专使赐二佛袈裟。披袈裟时，"放五色光，流照崖岩，洞烛山川"，"道俗瞻睹，数千万众"，轰动并州。后晋开运二年，时任北京留守、河东节度使的刘知远委托当时著名的文人苏禹珪写了《重修蒙山开化寺庄严阁记》，文中提到了当年唐高宗和武则天朝拜蒙

山大佛的盛况："后显庆二年，高宗驾至，出左右行藏，资缯宝玉，崇严饰之。"

唐代高僧道世《法苑珠林》卷14所引《冥报拾遗》也记载："显庆末年，（皇帝）巡幸并州共皇后……幸北谷开化寺。大像高二百尺，礼敬瞻睹，嗟叹希奇，大舍珍宝财物衣服并诸妃嫔内宫之人并各捐舍，并敕州官长史窦轨等，令速庄严备饰圣容，并开拓龛前地，务令宽广……"

由此可见，在唐高宗和武则天主政期间，尤其是女皇武则天，本身就是并州人，因此对故乡、对蒙山开化寺大佛极为尊崇。她大量布施，专门派人给大佛披袈裟，让当地的守吏拆除了破烂陈旧的阁楼，将大佛真容完全暴露出来，并且拓宽了大佛脚下周边狭窄的地方，便于人们朝圣。

…………

唐末，蒙山开化寺大佛历经百年沧桑，遭到了极大的破坏。坐镇太原的晋王、河东节度使李克用，深感佛祖之庇荫、太原百姓之厚拥，决定重修开化寺。"乾宁二年，武皇虎踞并州，龙潜晋水，遥奉擎天之业，克安在镐之君……首尾五年，盖成大阁，兼妆佛像，厥功三十万，使所聚财尽矣。"（苏禹珪《重修蒙山开化寺庄严阁记》）这次修建，规模最大，几乎耗尽了晋王李克用的所有财力。新近出版的《晋阳文史资料·第四集》也记载："晚唐李克用再建大阁，五年用工三十万。"说来也巧，大佛修葺一新不久，年事已高的李克用就去世了，新晋王位的李克用之子李存勖，竟以小胜大、以弱胜强，出兵洛阳，消灭了老对

手后梁皇帝朱温，自己登上了皇帝宝座，重新立国号为"大唐"，这就是史称"后唐"的新王朝。

50年以后，后晋北京留守、河东节度使刘知远重建庄严阁（又名宝严阁），高五层一百三十间。大像处为后寺，南二里的中峰前寺是远瞻大像之所……（见《晋阳文史资料·第四集》）这一次修缮的结果，再次促进了改朝换代。不久，刘知远率兵南下占领后晋都城汴梁，自己登上了皇帝宝座，立国号为"大汉"，这个王朝史家称为"后汉"。

从唐朝到后汉的四百多年间，有个非常巧合的现象：太原蒙山开化寺，几乎是和国运联系在一起的，每一个布施修庙的太原守吏，如李渊、李克用、刘知远等，几乎都受到天运的垂青，他们无一例外地登上了皇帝的宝座，成为声名卓著的人物。因而蒙山开化寺在百姓的心中地位很高，在皇家的眼中，形同国庙，这样一来，大师云集、高僧遍布，自然是情理之中的事。

宋淳化元年（990），当地守吏又在大佛前院修建舍利连理塔，元世祖忽必烈封摩真为国师于开化寺，国师尊为帝师，如此显赫几百年。元末，一场浩劫，使大佛阁化为灰烬，佛头也不知所踪。

■■ 解读 ■■

此篇文章来自蒙山一惟的博客文章《西山大佛历史》。这篇文章把蒙山大佛的来龙去脉讲得清清楚楚。历代帝王都对蒙山大佛尊崇不已，蒙山景区至今还有一座御驾桥，传说是唐高宗和皇后武则天到蒙山时走过的桥。

扩展 | KUOZHAN

　　作为世界第二大佛的蒙山大佛，为何到20世纪80年代才被发现，它是如何消失的？又是如何重见天日的？蒙山大佛的消失与唐武宗灭佛运动有关。从那时起，当时名为开化寺的佛阁遭到废弃，蒙山大佛暴露在风雨中。朝代更迭、连年战乱，蒙山大佛随之被毁，佛头崩落，再加上岁月的侵蚀，蒙山大佛腹部以下逐渐埋于土石之中。直到20世纪80年代，太原市政工作人员王剑霓在地名普查中重新发现了蒙山大佛，至此，隐匿已久的大佛又重新出现在人们的视野中。

晋阳古城

简介 | JIANJIE

　　晋阳古城遗址，位于今晋源区晋源镇，是全国重点文物保护单位。始建于明洪武八年（1375），城内建筑遗存众多，沿袭了晋阳古城"城池凤翔余"的古老建筑格局，犹如一只头北尾南的凤凰，自古就有"凤凰城"的美誉，是2500余年晋阳历史的延续。晋阳古城是晋国赵简子修建的，之后晋阳城辉煌存在了将近1500年，直到北宋初期，宋太宗赵光义亲率大军攻下晋阳城。但因晋阳城自古以来城池坚固并有着凝聚王者之气的历史传说，赵光义害怕有人借此再进行叛乱或割据，最终决定火烧晋阳城。次年，又将汾

河水、晋祠水全都灌入城内。晋阳古城经火烧、水灌，最终变为一片废墟。后赵光义选择在距其东北方向10余公里的唐明镇(即今太原市)作为百姓定居处。2021年5月1日，太原古县城在历经八年修复后正式开放，"凤凰城"开城迎客。游客进入修葺后的景区，能领略到明清时期太原县城的历史风貌。顺着城墙、历史遗存、挂牌历史民居、护城河、金牛湖等景观游览一番，更能够感受这座古老县城悠久而深厚的历史文化。

巍巍天龙山，汩汩汾河水。今日，穿梭于修复后的古城中，虽无法眼见昔时古城的风貌，却也可仔细品味其古韵风情。

太原早秋

[唐]李白

岁落众芳歇，时当大火流。

霜威出塞早，云色渡河秋。

梦绕边城月，心飞故国楼。

思归若汾水，无日不悠悠。

■■解读■■

李白曾两次来到太原，留下了《太原早秋》《忆旧游寄谯郡元参军》等诗。本诗是开元二十三年（735）李白与元演同游太原时所作。这首诗通过对环境的描写，表现了诗人的怀归之意，虽辗转外地，但时时刻刻都思念着家乡和亲人。其设喻新奇巧妙，结构严整，感情真挚，格调高远。虽是一首怀乡诗，却又带有边塞诗之雄健，即所谓"健举之至，行气如虹"。

过晋阳故城书事

[金]元好问

惠远祠前晋溪水，翠叶银花清见底。

水上西山如挂屏，郁郁苍苍三十里。

中原北门形势雄，想见城阙云烟中。

望川亭上阅今古，但有麦浪摇春风。

君不见，系舟山头龙角秃，白塔一摧城覆没。

薛王出降民不降，屋瓦乱飞如箭镞。

汾流决入大夏门，府治移著唐明村。

只从巨屏失光彩，河洛几度风烟昏。

东阙苍龙西玉虎，金雀觚棱上云雨。

不论民居与官府，仙佛所庐余百所。

鬼役天才千万古，争教一炬成焦土。

至今父老哭向天，死恨河南往来苦。

南人鬼巫好禨祥，万夫畚锸开连岗。

官街十字改丁字，钉破并州渠亦亡。

几时却到承平了，重看官家筑晋阳。

■■解读■■

这首诗写于金宣宗贞祐四年（1216）、作者南渡黄河之前，是元好问的早年作品。他登悬瓮山望见晋阳故城，感慨于宋太宗赵光义当初毁灭晋阳城的失策，并谴责了其行为给当地百姓带来的灾难。全诗曲折往复，词语慷慨，气势雄放。

留题晋阳古城慧明寺

[金末元初]王寂

劳生来往竟如梭，萧寺重游感慨多。

十里晋溪新景物，千年唐叔旧山河。

苾刍香满阿兰若，舍利深藏窣堵波。

我欲壁闲书岁月，奈何惭愧小东坡。

■■解读■■

这是金末元初王寂的一首诗歌。王寂，金蓟州玉田人，字元老。海陵王天德三年（1151）进士。世宗大定初，为太原祁县令，调真定少尹，兼河北西路兵马副都总管，迁通州刺史，兼知军事。累官中都路转运使。以诗文名，有《拙轩集》。此诗是其游览晋阳古城遗迹而作。

太原古城惠明寺塔秋望

[金] 元德明

西山万古壮陪京，一日汾流入废城。
浩浩市声争晓集，畇畇原隰但秋耕。
晋公老去诗仍在，越石亡来恨未平。
千尺浮图暮烟底，瓦盆浊酒为谁倾。

■■解读■■

这是金代诗人元德明所作诗歌。元德明，金忻州秀容人，号东岩。从小喜爱读书，虽生活清贫，但却能怡然自得。屡次参加科举不中，遂于山水间饮酒赋诗以自娱。著有《东岩集》。

古塔即阿育王塔，位于古城营村东原慧明寺内。始建于隋仁寿二年（602），传为八万四千座舍利塔之一。晋阳古城最早建于春秋晚期，宋灭北汉时火烧水灌，使千年古城化为废墟，阿育王塔也在这场战争中 毁圮。

扩展 | KUOZHAN

　　晋阳古城、太原老城、明清太原县城并不是指同一个地方。晋阳古城是春秋至北宋时期的太原城，素有"中国的庞贝城"的称号，是盛唐三大都城（长安为西京，洛阳为东京，晋阳为北京）之一。太原老城是晋阳古城被毁后北宋统治者在古城东北的唐明镇重新修建的，明初扩建为太原城，扩建后的太原城大致范围南至迎泽大街、西至新建路、北至北大街、东至建设路。明代扩建太原府城的同时，还在晋阳古城遗址上修建了一座县城，叫做太原县，它传承了2500多年的晋阳古城文脉，是晋阳古城的延续。

　　源远流长的晋阳文化也给太原留下许多非物质文化遗产。其中国家级非物质文化遗产为：晋剧、清徐老陈醋酿造技艺、砖雕、老陈醋酿造技艺、太原锣鼓、风火流星、琉璃烧制技艺、传统面食制作技艺、郭杜林晋式月饼制作技艺、六味斋酱肉传统制作技艺、中医养生（药膳八珍汤）、晋祠庙会、清徐徐沟背铁棍、清徐彩门、太原莲花落；省级非物质文化遗产为：小店牺汤、九大套、水母娘娘的传说、洗髓经、太原秧歌等。

　　"晋阳古八景"为烈石寒泉、汾河晚渡、双塔凌霄、巽水烟波、崛围红叶、土堂神柏、天门积雪、蒙山晓月。

天龙山石窟

简介 | JIANJIE

　　天龙山石窟，为全国重点文物保护单位，坐落在距离太原市中心西南40公里处的天龙山山腰。天龙山山名源于《易经》，据汉尚书左仆射兼中书侍郎平章事上柱国李恽撰《天龙山千佛楼碑》"夫龙者，潜即勿用，飞即在天"，故取名天龙山。天龙山自古以来就是一处风景优美、景色宜人的名胜之地。其山势蜿蜒起伏，植被茂郁，溪水潺潺，清新遍野。清嘉庆《太原县志》云：山上"松柏青翠，林木葱茂，既有天然之生成，复有人工之修饰。胜境之佳，在环省诸山中实属罕见。且峰峦秀美，泉声淙淙。气候清爽，幽雅绝俗。游者于此，辄有不忍即返者"。天龙山石窟始凿于北朝东魏时期，经后世的不断开凿，现有30个石窟，排列整齐有序，结构各异。主要分为两个区域：南坡半山腰的洞窟主区和南坡山脚溪谷旁的千佛洞区。南坡洞窟主区石窟开凿于东峰和西峰的山腰间，东西绵延500余米，现存洞窟25个，造像500余尊，飞天、藻井、壁画1144尊（幅）。南坡柳跖沟滩地千佛洞区现存5个洞窟，全部开凿于悬崖峭壁之上。

太原天龙山石窟博物馆：
矫若天龙垂晋阳

吕国俊　孙轶琼　南丽江　杨敬

天龙山是一座山。天龙山又不仅是一座山。

2021年的央视春节联欢晚会上，一则振奋人心的消息引起国人的争相讨论——天龙山石窟第8窟佛首回归祖国。太原市天龙山石窟博物馆名声大噪，更多的人开始关注这座曾经辉煌却又遭受过惨烈破坏的名山，也就越发体会到佛首的回归是多么不容易，意义是多么之大。

天龙山石窟的兴起

天龙山的人文历史可以追溯到南北朝的东魏时期，即公元534年—550年，大丞相高欢进据并州为"别都"，就在这里修筑避暑宫，并开凿石窟。随后在公元560年，北齐孝昭帝高演在这里修建了天龙寺，并且在隋、唐、五代时期继续修寺凿窟，于是天龙山石窟就成了我国著名的十大石窟之一和佛教丛林。

如今的天龙山石窟博物馆，集林、泉、寺、洞于一体，现存有石窟、古建、墓塔、碑刻、雕塑、壁画等历史遗存100余处，是太原地区保存东魏、北齐、隋唐时期地上文化遗存最丰富、最完整的区域之一，为全国重点文物保护单位。天龙山分为东西二峰，25个洞窟分布在内，东峰名"仙岩山"，分上下两层，上层4个窟、下层8个窟；西峰名"大佛山"，有13个窟。此外，天龙山山麓河洞悬崖上还有五代至元明时期开凿的5个洞窟，故天龙山石窟总计有30个窟，反映了各个时代石窟艺术的特点及其从南北朝至隋唐五代的发展过程，是研究我国石窟艺术的珍贵资料，具有颇高的学术价值和艺术价值。

天龙山石窟的"数字展"

天龙山石窟，辉煌璀璨，但却有一段难以泯灭的痛心历史。20世纪20年代，天龙山石窟被日本古董商盗凿一空，留下了满壁凿痕的洞窟，千疮百孔、残肢断臂的雕像。直至2014年，天龙山与国内外学术机构通力合作，在纽约大都会博物馆、大英博物馆、东京国立博物馆等10个国家的30余座博物馆，采集到90余件天龙山石窟流失造像的三维数据，实现了11个主要洞窟的专业数字复原。

如何留住历史记忆、传承中华文明？天龙山石窟数字复原展览，让人得偿所愿。该项目通过沉浸式影院、数字洞窟、全息影像等表现形式，让天龙山流失海外百年、天各一方的造像数字回归，虚拟合体，再现天龙山精美绝伦的石窟艺术。截至目前，该展览不仅在国内一些城市展出过，还走出国门，在法国圣但尼市展出；与此同时，该博物馆也推出了数字复原的线上展览，仅上线的第一个月，点击量就超过了100万。

科技赋能，让文物"活"起来，是对天龙山石窟的一种慰藉。

太原现存最古老的金刚力士像

参观完天龙山石窟，天龙寺也是必须要参观的地方。当你步入山门之际，率先映入眼帘的就是两尊泥塑的金刚力士像。虽然看上去有些残破，但这是太原现存最古老的金刚力士塑像。

天龙寺，创建于北齐皇建元年（560年），历代均有修建。天龙寺是北齐、隋、唐、明、清时期太原乃至中国北方地区著名的佛教寺院，至今还保存有北齐石质碑亭、晚唐泥塑、明初木构建筑、北汉至清代碑刻、墓塔及石质建筑构件等文物古迹。

山门前廊下的金刚力士塑像，为晚唐时期所塑，造型健美刚勇，肌肉饱满强健。可以说通过这一件件古老的作品，能感知工匠的独具匠心，不得不说是泥塑作品中的佳作。

蟠龙松，天龙山古八景之一

早在明代时期，天龙山就有古八景，其中一大景观名为"虬柏蟠空"，说的就是蟠龙松，其形态之奇特，举世罕见，堪称"中华第一奇松"。这株奇异的古松，形如华盖，状似蟠龙，自身扭成螺旋形，盘旋而上，宛如一条狂舞的蟠龙，是天龙山的迎客松。古松主干高度约2米，但枝丫极为发达，盘根错节地形成一个大伞盖，冠盖面积近300平方米。经过1000多年的历史演变，静候在圣寿寺山门前。

天龙山蟠龙松年代之久远、形态之奇特、单株覆盖面积之广，在国内实属罕见。如今的蟠龙松长势葱郁、枝繁叶茂，人们敬仰它独立天地、苍劲博大的崇高品格。有诗为证："老干孤标香叶浓，阴森盘踞缘蒙茸。天功蜿蜒多神异，云雨空山丛化龙。"

天龙山石窟博物馆，从人文景观到自然景观，都呈现了历史的沧桑，也呈现了龙城这片土地上丰富的历史文化资源，漫漫长卷中的历史故事，也似乎在这里，得到了传颂和流传。万谷空幽之际，游览天龙山石窟，冉冉升起之白雾缭绕于山中，飘渺虚幻，令人无尽遐想。美哉，乐哉！

■■解读■■

本文节选自2022年4月21日《山西晚报》，全文非常详尽地展现了天龙山石窟的前世今生，让人们在美景中领略历史留下的珍贵艺术，体会先贤的智慧。天龙山石窟造像被称为"天龙山式样"，是研究佛教、雕刻、建筑等文化的丰富实物资料，是中国古代石窟雕塑艺术中的一颗璀璨明珠。它历经千年，虽然遭到难以置信的盗凿破坏，大批精品流失国外，但仍在风霜雨雪中传承着中华文化。

扩展 | KUOZHAN

许多人会将太原郊区的龙山石窟和天龙山石窟混淆，其实这是两个不同的石窟。龙山石窟是道教石窟，而天龙山石窟为佛教石窟。

中华傅山园

中华傅山园位于太原市西北尖草坪区西村，与中北大学毗邻，这里是傅山先生故里。傅山先生为后世所推崇，并得有"字不如诗，诗不如画，画不如医，医不如人"的独到评价。进入傅山园中，牌楼、明镜台、傅公祠、状元桥、真山堂、洞庭院一路参观游览，移步换景。园内牌楼造型为三门、六柱、七顶式，正中央的石牌楼上刻着姚奠中先生题写的"中华傅山园"五个大字，中门立柱上刻有傅山先生的对联。此牌楼采用多种雕刻手法来表现中国民间图案，工艺精细，造型生动。明镜台与山门，是中华傅山园开展文化活动的主要场所。影壁与明镜台相连，建在石牌楼门的正中央，墙体素灰抹面，绘有《崛围山览胜图》，画面主题鲜明，美不胜收。在这里，不仅可以欣赏到仿古寺庙建筑风格，还可以充分了解三晋文化第一人——傅山先生在文学、艺术、医学等领域的巨大成就，以及他傲岸奇绝的精神世界。傅山是明末清初著名的诗人、医学家、思想家、书法家，他知识渊博，涉猎多方：勘校典籍，摹勒金石，诗文啸傲，染翰书画，悬壶行医。其学问也是成就卓绝，是明末清初学术界的一座高峰。

中华傅山园是国家3A级旅游景区，为"全国家庭亲子阅读体验基地""山西省巾帼农业双创示范基地""山西省青少年研学实践课程基地和师资培训基地"，并荣获"太原市宣传思想文化工作特别贡献奖"。

引文 | YINWEN

《清史稿·列传二百八十八·遗逸》(节选)

傅山,阳曲人。六岁,啖黄精,不谷食,强之,乃饭。读书过目成诵。明季天下将乱,诸号为搢绅先生者,多迂腐不足道,愤之,乃坚苦持气节,不少媕娿。提学袁继咸为巡按张孙振所诬,孙振,阉党也。山约同学曹良直等诣通政使,三上书讼之,巡抚吴甡亦直袁,遂得雪。山以此名闻天下。甲申后,山改黄冠装,衣朱衣,居土穴,以养母。继咸自九江执归燕邸,以难中诗遗山,且曰:"不敢媿友生也!"山省书,恸哭,曰:"呜呼!吾亦安敢负公哉!"

顺治十一年,以河南狱牵连被逮,抗词不屈,绝粒九日,几死。门人中有以奇计救之,得免。然山深自咤恨,谓不若速死为安,而其仰视天、俯视地者,未尝一日止。比天下大定,始出与人接。

康熙十七年,诏举鸿博,给事中李宗孔荐,固辞。有司强迫,至令役夫舁其床以行。至京师二十里,誓死不入。大学士冯溥首过之,公卿毕至,山卧床不具迎送礼。魏象枢以老病上闻,诏免试,加内阁中书以宠之。冯溥强其入谢,使人舁以入,望见大清门,泪

潸潸下，仆于地。魏象枢进曰："止，止，是即谢矣！"翌日归，溥以下皆出城送之。山叹曰："今而后其脱然无累哉！"既而曰："使后世或妄以许衡、刘因辈贤我，且死不瞑目矣！"闻者咋舌。至家，大吏咸造庐请谒。山冬夏着一布衣，自称曰"民"。或曰："君非舍人乎？"不应也。卒，以朱衣、黄冠敛。山工书画，谓："书宁拙毋巧，宁丑毋媚，宁支离毋轻滑，宁真率毋安排。"

人谓此言非止言书也。诗文初学韩昌黎，崛强自喜，后信笔抒写，俳调俗语，皆入笔端，不原以此名家矣。著有《霜红龛集》十二卷。

■■解读■■

本文选自《清史稿·列传二百八十八·遗逸》，其对傅山先生的生平以及人物品性做了全面而中肯的记述。

傅山诗文
青羊庵

[清] 傅山

艾苍凿翠一庵经，不为瞿昙作客星。既是为山平不得，我来添尔一峰青。

偶录五言古一章谆复嗑
寔不似词人之作

[清] 傅山

生死即旦暮，男儿无故乡。血丹中土碧，骨白高秋霜。德缴信揭揭，园观岂茫茫。吟讽

本无用，痛快空文章。魏阙何处热，江湖心自凉。美人迟迟来，徒诵水中央。父子俄然别，君臣恐难忘。春陵漫葱郁，斟灌当谁望。浮沈三十年，何日不胆尝。神孙遽武健，如意祝文昌。靖带翼轸旗，天兵壮缪将。一杖生不扶，墓醉中兴觞。数当撇揆尽，奈何乖义方。恭忝皇天玉，其诸有不芒。我死非允吾，《五噫》尔其遑。瘦熊省经白，老牛矢执黄。据地吐盗食，咯咯爱旌吭。嗃然决于心，岂复容再商。《秦风》怅衣泽，《楚骚》悲沅湘。笔墨有前辈，岩谷固厥藏。华甸阳马死，丽藻争虎伥。老我目难瞑，子孙眉翻扬。变局忌伤性，暗喜仁能当。横流有疏凿，岂其终怀襄。

■■解读■■

此二篇诗文都是傅山先生的代表作。傅山先生一生著述颇丰，在诗歌上的造诣也非常高，从其诗作中能看出他的生活情趣和价值取向。虽然他身处陋室，但是怡然自得，诗歌风格刚劲有力，代表着他坚韧不拔的精神。

名家评价

萧然物外，自得天机，吾不如傅青主。
——顾炎武《广师篇》

公他高洁，扫除百年芜秽靡蔽，一意孤行，不在龙门之下。
——毕亮四《西北文集》

青主盖时时怀翟义之志者。
——卓尔堪《明末四百家遗民诗》

不生不死最堪伤，犹说扶余海外王。同

入兴亡烦恼梦,霜红一枕已沧桑。

——陈寅恪《〈霜红龛集〉望海诗云:"一灯续日月,不寐照烦恼。不生不死间,如何为怀抱。"感题其后》

伏讼袁山柱,义声天下闻。狂澜悲既倒,落日念余熙。篝火狐鸣社,人间马鬣坟。茹辛逃九死,嘿默隐河汾。乱后朱衣显,萧条物外清。玄黄孤鹤唳,坚白老龙鸣。揩目望东海,摧心靡汉旌。元亮自豪杰,长啸咏荆卿。

黄冠存至性,佛子有深悲。大地流余毒,疮痍不可医。逍遥空羡鸟,趻踔独怜夔。归作青山主,谁云道士痴。

——冯乾《读〈霜红龛集〉三首》

■■■解读■■■

傅山作为当时有名的知识分子,风骨傲然,坚韧不拔。他的这种精神也为后世学者所推崇和重视,各家评点皆对其品格和气节高度赞扬。

扩展 | KUOZHAN

◆拔花花

拔花花为山西省非物质文化遗产,流行于太原市尖草坪区和阳曲县,是民众农闲时自发举办的一项集体力、技巧在内的群众性体育竞技活动。拔花花既具有趣味性,又具有竞技性,有助于增强身体素质、丰富文化生活,但现在面临失传的困境。

◆头脑

头脑是太原特有的一种风味小吃,由傅山先生发明,是其为侍养年迈体弱的老母而精心制作的药膳食品。其由黄芪、煨面、藕、羊肉、山药、黄酒、酒糟、羊尾油配制而成,外加腌韭菜作引子,入口可以感受到酒、中药和羊肉的混合香味,是太原人特有的一种早餐。在老一辈太原人心中,头脑算是一道顶级珍馐。

永祚寺

简介 | JIANJIE

　　永祚寺位于太原市区东南约3公里的郝庄村南山岗上，俗称"双塔寺"。其始建于明万历年间，初名"永明寺"，后五台山高僧妙峰(福登)和尚奉敕续建，改名"永祚寺"。清朝时期又完善了禅堂和殿宇，续建了山门，逐步形成一座小规模的寺院。战乱时期古寺饱经沧桑，满目疮痍。中华人民共和国成立后，经多次维修，新建碑廊，仿建前院，广植牡丹，使古刹面貌一新。双塔寺内，栽种有明代丁香树、牡丹树，全国闻名。牡丹花历四百余年而不衰，"紫霞仙"更是其中珍品。

　　永祚寺双塔，雄伟异常，双双耸立如笔，故有"文笔双塔"之誉，是太原的标志性

建筑。其实双塔并非同时建成，东南塔稍早，西北塔较晚。两塔相距60米，取"真言密教以十六数表圆满无尽"之意。二塔均为全砖石结构，只在各层角檐内装有一根挑木，构建技艺十分精湛。从远处观看二塔，高度一致，风格相同，古韵幽幽；近处细看，便可见其精妙之处——东南塔为素砖砌体，塔上雕刻清素，塔身收分很小，直径相同，故而挺拔壮美；西北塔为琉璃剪边，雕刻精细华丽，塔身收分明显，外形秀丽俊朗。塔内收藏和保护的碑碣刻石260余通。有明代的石刻珍品《宝贤堂集古法帖》180余通、清代的《古宝贤堂法帖》36通、宋代大文豪苏东坡的醉笔石刻"赤壁怀古"3通、清代著名书家祁寯藻的"子史萃言"石刻4通，还有"晋溪隐君家训"碑，等等。这些古碑古碣，集清以前各代著名书法大家的墨迹宝瀚于一堂，包括真、草、隶、篆等各种书体，不仅为书法界和爱好书法的各界人士所珍视，也为到此观光和游览的人们所喜闻乐见。

《登永祚塔》

[明]李溥

三晋楼城俯首看，一声长啸倚阑干。
振衣绝顶青云湿，酌酒危峰白日寒。
矗矗苍龙擎宇宙，绵绵紫气发林峦。
我来欲把星辰摘，到此方知世界宽。

■■解读■■

李溥，字公甫，直隶真定府定州人，治《诗经》，嘉靖四十四年（1565）登乙丑科进士，初授夏县知县，政平讼简，用省民安，升户部主事，万历八年（1580）升陕西副使。永祚寺内高耸两座砖塔，皆八角十三级，装饰精美，雕镂别致。登上塔顶，太原风光尽收眼底。作者在诗中极言永祚塔之高，登塔俯瞰，胸襟开阔，心旷神怡。此双塔是我国目前遗留下来的最高、最完美的古代双塔，已成为中国古塔的"孤例"。文峰塔的建造有特别奇异的地方，相传在建塔的时候，匠人考虑其地靠东山，长时间受西北风侵蚀，而塔身极高，故将其向西北倾斜，这样塔身便能站立更稳。到今天双塔已历经400余年，风吹雨打而屹立不倒，足见当时匠人的高超技术和缜密构思。

三晋名胜——双塔寺

韩丽

古老的晋阳大地上并峙着一对古朴秀美、巍峨壮观的古塔，这就是为人们所称道的昔日太原八大景观之一的"凌霄双塔"。它位于古太原东南之向山脚畔，被喻为太原的标志和象征。

双塔寺，本名永祚寺，俗称为双塔寺。据明万历本《山西通志》和《太原府志》载：该寺创建于明代万历二十五年至三十年间（1597—1602），距今已400余年。初创之时，仅建有一座补辅太原"文运"不足的文峰塔及一座简陋寺庙。之后，明万历三十六年至四十年（1608—1612），五台山显通寺住持福登法师受晋王之邀，在万历皇帝之母慈圣皇太后的出资相助下扩建寺庙，并建一新塔，取名为"宣文塔"，使寺院形成了"双塔凌霄""殿宇巍峨"之大观。几百年来，这座古老的寺院和气宇轩昂的双塔向世人展示了昔日的盛况，见证了历史的沧桑巨变。

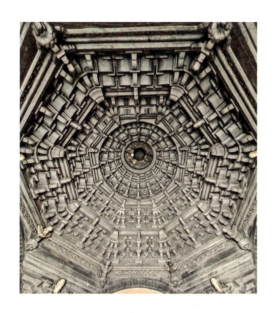

双塔寺，依山势而拓建，坐南朝北。整个庙宇虽规模不大，但布局严谨、错落有致。寺内由大雄殿、三圣阁、东西客堂、禅堂及大雄殿两侧廊房组成，平面布局为传统民居建筑风格的四合院。寺内建筑大部分完成于明代，其建筑形制颇具特色。寺内殿宇外观均为磨砖对缝手法建造，其柱、额、斗拱、砖雕花卉均为仿木结构形式。殿内用拱券，呈穹隆形，号称"无梁殿"，结构坚固，气势雄伟，堪称明代无梁建筑之代表。大雄殿上建有三圣阁，最为突出的是顶部砖雕藻井，结构奇特而精巧，堪称寺内明代无梁式建筑之精品。

■■解读■■

本文节选自《文物世界》2005年第3期《三晋名胜——双塔寺》，作者是太原市双塔寺文管所韩丽。

懂山西美的人，一片黄土也是美景；不懂山西美的人，富丽堂皇的古建筑也只是一堆朽木！本文对双塔寺的历史和建造过程做了详细叙述，足见作者对历史的热爱和对双塔寺的全面了解。

扩展 │ KUOZHAN

◆逸闻趣事：文笔双塔

古永祚寺是道、儒、佛三教合一的集中体现，历来有很多传说故事，如文笔双塔讲的是关于太上老君的故事。太上老君在天庭待着无聊，便想去人间看看，感受一下凡人的简单生活，于是他落脚到了晋阳古城。晋阳古城自古物宝天华、人杰地灵，文化底蕴深厚。经过几千年的建设，已经成为中华大地上赫赫有名的"锦绣太原城"。太上老君首先看了北边的窦大夫祠，只见荷花映日鲜，参天古树深，令人心旷神怡。但他到东边一看，全是荒凉的山丘，人烟稀少。太上老君突然想到"文瀛湖"，湖上飞桥把湖分成两部分，从天上看犹如两面天然的巨镜，又像一盘揭开盖子的巨砚！他想着要是将两支毛笔与其相配，岂不妙哉！于是即刻腾云驾雾返回天庭，拿出两只毛笔径直朝晋阳大地投去。两只毛笔在晋阳城上空飘呀飘呀，最后不偏不倚正好立在东山脚下的一块空地上，转眼间就变成了两座耸入云端的宝塔，文瀛湖上倒映着东山脚下的双塔，好像两支蘸满墨汁的巨笔随时准备挥毫书写一番，从此以后晋阳大地上增添了一道新的景致——文笔双塔。

赵树理旧居

简介 | JIANJIE

　　赵树理旧居位于太原市杏花岭区南华门15号，是山西"山药蛋派"代表作家赵树理晚年在太原的居住地。旧居为四合院建筑，青堂瓦舍，是非常典型的清末民初北方民居。旧居坐北向南，屋内陈设书桌、衣柜、床等赵树理生活用品及其小说原稿、照片等珍贵文物。1998年山西省文物局批准在作家故居建立文物点，2006年赵树理诞辰100周年之际旧居修缮完成，对外开放。院内北面的汉白玉墙面上，陈列雕刻了彭德怀、郭沫若、茅盾为赵树理的亲笔题词和评论文章。院落古朴肃穆，是太原市内唯一保持原生态的文化名人故居。2004年被山西省人民政府公布为省级文物保护单位。

引文 | YINWEN

探访赵树理故居

石俊美

　　文学大家赵树理在太原的故居与省作协大院相距很近，一在南华门东四条，一在南华门东二条。我每次到省作协都要路过赵树理

故居。每次路过，我都要怀着崇敬的心情驻足良久。

记得2006年9月赵树理诞辰100周年时，山西省作家协会党组书记李福明以老朋友的名义邀请我参观了修缮一新的赵树理故居，给我们介绍故居情况的是赵树理故居陈列馆馆长王作忠。

故居的建筑面积315.45平方米，系一面围墙的三合院结构，青堂瓦舍、砖木建筑，是一处典型的清末民初北方民居，门口石碑上镌刻着"赵树理旧居"5个大字。

走进故居，我深深感受到一代文学巨匠的坎坷人生与辉煌成就。

1965年初，赵树理一家老小住进此院。"文革"期间，赵树理遭到残酷迫害，1970年9月23日在西厢房卧室含冤去世。

在赵树理的雕像前，人们为这位令人敬仰的"山药蛋派"文学流派的创始人深深鞠躬致意。

旧居院内北墙上，陈列雕刻着彭德怀、郭沫若、茅盾为赵树理的亲笔题词和评论文章。

东厢房的第一展厅，通过大量的实物和图片，集锦了赵树理一生创作的小说及由小说改编的影视、绘画插图、版画作品。

西厢房的第二展厅是赵树理的卧室，主要陈列着他写作、生活的实物。

南厢房的第三展厅，主要展出著名画家古元、彦涵、力群、罗工柳为赵树理作品插图的原作。

通过观看展览，发现赵树理的伟大和

非凡。

赵树理以其通俗易懂、新颖活泼、趣味丛生的大众化风格，创作出人们喜闻乐见的《小二黑结婚》《三里湾》《李有才板话》等众多优秀作品，感染和教育了一代人。

赵树理以描写地地道道的中国农民形象而闻名于世，他的艺术成就奠定了他在中国新文学史上的重要地位。

在展厅中，看到了赵树理的一段话，足以展示他对农民、对农村爱之深。他说：我们政治文化中心的首都（北京）固然可爱，但粮棉油料产地的农村也是可爱的。假如要问二者相较哪方面更可爱，我认为这和问荷花和菊花哪个更可爱一样，不同类的事物不能作比较。一个写作者不应该是兴趣主义者，可是一个写作者总得对自己熟悉群众生活的根据地永远保持着饱满的兴趣。

在参观过程中，王馆长讲道：以赵树理为代表的"山药蛋派"继承和发展了我国古典小说和说唱文学的传统。以叙述故事为主，人物情景的描写融化在故事叙述之中，结构顺当、层次分明。人物性格主要通过语言和行动来展示，善于选择和运用内涵丰富的细节描写。语言充满山西的乡音土调，朴素凝练，作品通俗易懂，具有浓厚的民族风格和地方特色。

通过这次探访，大家一致认为：人民艺术家赵树理和"西李马胡孙"等山西作家开创的"山药蛋派"，已成为新中国文学史上最重要、最有影响力的文学流派之一。

■■解读■■

本文选自《晋中日报》，作者石俊美为报社社长、总编辑。这篇文章对赵树理旧居做了细致的评述，通过阅读文章，读者也仿佛置身于旧居的艺术氛围中，感受老一辈艺术家的人格魅力和高超的艺术技巧。

扩展 | KUOZHAN

赵树理文学奖，是山西为推动文学事业的繁荣与发展、为人民群众提供高质量精神食粮而设立的一个重要奖项。该奖项由山西省委、省政府设立，省作家协会承办，是代表山西最高荣誉的文学奖项，每三年评选一次。设立作品奖、文学新人奖、优秀编辑奖、荣誉奖四大奖项。其中作品奖分为长篇小说奖、中篇小说奖、短篇小说奖、诗歌奖、散文奖、报告文学奖、儿童文学奖、影视戏剧文学奖、文学评论奖。

清徐宝源老醋坊

　　古谚有"开门七件事，柴米油盐酱醋茶"，醋列其中之一，可见其重要性。山西是醋的故乡，山西人对醋也有着特殊而深厚的感情。山西清徐老陈醋是中国四大名醋之一，主产地在清徐县内孟封、清源、徐沟、西谷等乡镇，清徐老陈醋以色、香、醇、浓、酸五大特征著称于世，有软化血管、杀菌助消化的功效。据说春秋战国时代就已在这里开始酿制，至今已有3000多年的历史。"自古酿醋数山西，追根溯流在清徐"。在4000多年的醋史演变中，清徐对中国的酿醋产业做出了巨大贡献，被誉为"中国醋都"。而随着晋商的壮大，山西老陈醋也传遍了大江南北，成为爱醋之人的首选调味品，被誉为"天下第一醋"。

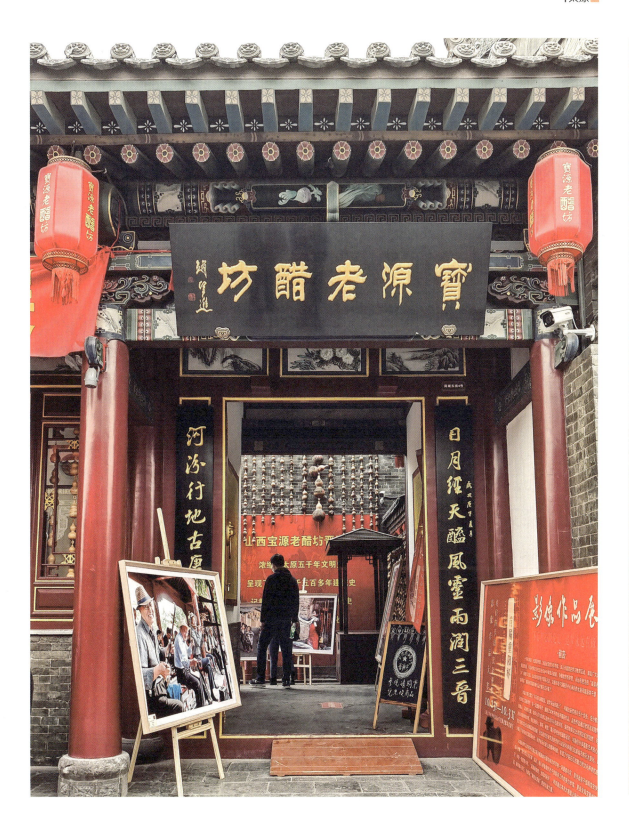

清徐宝源老醋坊始建于明朝宣德三年（1428），距今已有500多年历史。宝源老陈醋曾作为明、清两朝的皇家贡品，是山西醋业的骄傲。民国年间，宝源老醋坊遭遇连年饥荒与战火的摧残，关号歇业。现在的建筑，是在原遗址上仿照明、清时期醋坊原貌修造的。

宝源老醋坊被太原市教育局定为"太原市青少年传承教育基地"，被太原市旅游局评为"太原市首批工业旅游示范景点"，被山西省文化厅评为"山西省清徐老陈醋酿制技艺博物馆"，被国家旅游局评为"国家4A级旅游景区"。这些荣誉的获得，势必会对山西老陈醋的发扬光大起到巨大的推动作用。

引文 | YINWEN

清徐食醋的历史

食醋是一种家庭常用的酸味调料，而且它和食盐一样同属于最古老的调味品。"中国——是世界上谷物酿醋最早的国家"，酿醋历史悠久，源远流长，有人认为有一万多年，迄今为止，发现有关醋的文字记载至少也在三千年以上。"自古酿醋数山西，追根溯流在清徐"，这一民谣形象地说明清徐醋史源远流长。清徐是山西老陈醋的正宗发源地，是全国最大的食醋生产基地，清徐所产的老陈醋是中国四大名醋之首，号称"天下第一醋"。

远古时候，人类不仅可以直接从动物中摄取醋酸，还可以直接从植物中摄取醋酸。尧王取蓂荚代酸的故事就发生在清徐县的尧城。《明一统志》载："帝尧自涿鹿徙都于此，俗称尧城。"《山西通志》卷一六三载："帝尧在尧城镇，旧传造历之所，故立庙。"尧城和尧庙是后人为纪念帝尧而建的城堡

和庙宇，始建于金天会三年（1125）。在古文献《竹书纪年》中有这样的记述："有草荚阶而生，月朔始生一荚，月半，而生十五荚。十六日以后，日落一荚，及殆而尽。月小，则荚焦而不落，名曰蓂荚，亦称日历荚。"《白虎通鉴·符瑞》也有类似记载："蓂荚者，树名也。月一日一荚生，十五日毕，至十六日一荚去，故阶荚而生，以明日月也。"东汉人应劭所著《风俗通义》一书，对蓂荚作过考证，他说："古太平蓂荚生于阶，其味酸，王者取之以调味，后以醯醢代之。"王者是何人呢？即帝尧。帝尧在尧城利用蓂荚草一是制订了四季八节（春、夏、秋、冬为四季；立春、立夏、立秋、立冬、春分、夏至、秋分、冬至为八节），二是取其味酸以调食，这可以说是最原始的醋了，这样的醋就产生在清徐。

新石器时代，尧帝和神农氏教化民众腌制酸菜而产生醋酸，解决口淡问题，满足身体之需。民间传说，尧帝城西南有玉泉，帝亲往酿苦酒，尧帝城西北有玉池，帝亲往食鹅，

圣天子多能鄙事。

　　山西是中华民族发祥地之一,也是醋文化的发祥地之一。在尧帝的教化下,清徐的先民们用芥菜腌制黄菜、用毛白菜腌制酸菜。如今山西东部、晋中一带,包括清徐等地农民仍有用芥菜腌制黄菜、用毛白菜腌制酸菜的习俗,可谓延续万年,源远流长。他们用黄菜汤当醋,调食调味。人类由直接从大自然中获取现成的蒐荑、毛桃、酸杏,发展到腌制酸菜,获取液态的醋酸汁液,无疑是中国食醋酿造史上的一大进步。

　　据有关史料记载,漫长的历史时期,清徐县在食醋酿制方面经历了夏商时代的酒醋综合作坊、春秋之始的民间制醋、秦汉魏晋时期的商业醋作坊等几个阶段。

　　宋代以前,清徐主要酿制米醋;宋代以后,随着酿醋技术的发展,酿醋以高粱代替小米为主要原料,酿出了高粱醋。

　　在明清以前,清徐即以陈年白醋而知名。清初顺治年间,清徐的老醋坊老醋人不断总结、反复实践,在酿制陈年白醋的基础上,增加了熏醅这道工序,目的在于增加醋的颜色,促进脂化,抑止一些细菌的过旺繁殖。此法亦称"熏蒸法"。经过熏蒸法工序的处

理改白醋为陈醋，同时又增加了"夏伏晒，冬捞冰"等工艺的加工处理，从而酿制出了色泽黑紫、液体清亮、酸香浓郁、食之绵柔、醇厚不涩的山西老陈醋，被称为"国醋""天下第一醋"，成为历朝历代的贡品。"美和居"等一批老醋坊和历代制醋大师傅为老陈醋的形成发展做出了重大贡献，被公认为山西老陈醋的原创者、山西酿醋文化的活化石。

■■解读■■

本文摘自北岳文艺出版社《清徐历史文化丛书》。此文通过对醋的发展历程的精细描写，呈现了清徐老陈醋的发展历程。醋文化与山西文化相得益彰，共同见证着山西历史的悠久。

扩展 | KUOZHAN

◆白居易赞醋留诗篇

相传白居易闲居履道里时，与寺僧来往甚密，经常互有馈赠。一日闲叙之时，神秀长老向白居易索句，白居易以酢研墨，挥毫书就：

长生殿上竞争传，

老来齿衰嫌茶淡。

无契之处谁相依，

疾酢倍觉酸胜甜。

这是一首藏头诗，四句首字连在一起便是"长老无疾"，意思是神秀长老因经常食醋而长寿健康。

◆女皇武则天饮醋疗疾

女皇武则天龙体欠安，经常腹胀气滞、饮食不佳，御医都无能为力。后来有一道士进献陈醋，武则天吃后胃口大开，从此以后，武则天进膳时总要为她放上一壶醋。此习惯传至民间，以醋开胃解酒，流传至今。

千佛寺

　　千佛寺是太原古交有名的古刹，位于古交市区南端，其名千佛寺是因寺中共有石雕像千余尊。千佛寺建筑布局规整，架构完整，正殿后壁上的千尊石雕小佛是太原地区保存最完整并具有地方特色的石雕作品，具有较重要的历史价值。千佛寺几经兴废、饱经风霜，1990年古交市委、市政府对其进行了搬迁完善。经过再次迁建的千佛寺巍峨壮丽，后靠杨家坡，前有凤鸣楼文化市场与之呼应，成为古交一处优美的景点。

古迹史话
千佛神龛循古风 金牛腾骛奋蹄疾
碧涧流泉

古交千佛寺,位于古交市东曲街道川东社区杨家坡,是古交市有名的古刹。因其大雄宝殿内有唐代石刻佛像千余尊,故名千佛寺,距今约有千年历史。千佛寺是于1990年从原址桃园街道西梵寺沟整体搬迁到古交市区的。1983年,被太原市人民政府公布为市重点文物保护单位,2004年6月10日,被山西省人民政府公布为第四批省级文物保护单位。2013年3月5日,被国务院公布为第七批全国重点文物保护单位。

据千佛寺内清道光十一年(1831)《重修千佛寺记》碑文记载,千佛寺"首创自唐,由来久矣"。宋大中祥符二年(1009)进行了较大规模的维修扩建。明万历十四年(1586)《重修千佛寺并诗》记载:"古交之乡有古刹焉,名曰千佛,两川相夹,背山临水,左有钟楼壮其威,右有井泉毓其利,前有石寨钟其灵。森然雄伟,郁然佳丽。"经元、明之交屡遭兵匪之灾,千佛寺破坏严重,基址遗存。明成化七年(1471)至明弘治元年(1488)历经17年的重修后,已具相当规模,焕然一新。

当时有正殿三楹,罗汉殿于左,十王殿为右,山门于前,中设佛事,饰以金碧,神天仪卫。另有禅室、斋堂一应俱全。明朝末年,这一代战火频繁,殿宇毁坏严重。后在明崇祯九年

(1632)及清顺治八年(1651)、康熙二十一年(1682)、道光十一年(1831)和中华民国二十一年(1932),千佛寺几经兴废,饱经风霜,也先后进行了维修保护。

特别是1990年,古交市委、市政府对千佛寺大雄宝殿进行了搬迁,将其迁于现址。搬迁复原后的千佛寺保持了以往古朴神奇的风采,在建筑手法上恢复了明代风格,摒弃了清代加建的前廊、套房、耳房等。经过再次迁建的千佛寺,坐南朝北,后靠杨家坡,前有凤鸣楼文化市场,构成了古交一处亮丽景点。

千佛寺,一进院落布局,南北48.6米,东西33.4米,占地面积1624.2平方米。中线上有天王殿、大雄宝殿,两侧为钟鼓楼、耳殿、配殿。除大雄宝殿为搬迁修复的明代建筑外,其余均为新建。

大雄宝殿面阔三间,进深七椽,单檐悬山顶。八檩前廊式构架,檐下斗拱七踩三昂。极富特色的是在殿内后墙壁上嵌有石雕小佛千余尊,这是千佛寺文物的精华之所在,也是得名的缘由。它共有79块同一高度的石雕条石,用9排长方形排列法拼接成长10米、高2.85米的镏金佛像1144尊,面积为21.5平方米。每一尊佛像都一式趺坐在高13厘米、宽10厘米的佛龛内,用压地法以突出佛像。佛像高8厘米左右,面目端庄,风度潇洒,衣纹流畅,手印有说法印,双手合掌,更多的是双手重叠、手心向上、手放在膝上的禅定手印。千佛像的雕法技巧不一,以墙面的右上角为

佳。佛像形体为束腰、宽肩、高胸、圆脸,应为隋唐风格。从技法上看,造型古朴,千姿百态,无一雷同,极富情趣,尚有唐以下的五代、宋代等朝遗迹,至今仍然放射着不朽的艺术之光。从中不难看出石佛艺术发展的趋势,是目前太原地区保留较为完整、极富地方特色的石雕艺术作品,也是研究隋唐雕塑不可多得的重要历史实物资料。

千佛寺内存有明、清、民国重修碑7通,以及真能和尚灵塔1座。

关于千佛寺的得名,还有另外一种民间传说。相传,唐代时,在汾河对岸西曲村纺车沟里面有个千佛洞,洞内有尊释迦牟尼的塑像,此像巍峨高大,雕工精细,面目端庄慈祥,身段比例协调,是一尊稀有的好塑像。洞内还住着一位老和尚,伴随着释迦牟尼苦度春秋。后来老和尚死了,只剩下孤单单的一尊塑像。这时古交镇上已建起这座寺院,其

中大雄宝殿释迦牟尼佛的头部总是塑不成,不是大,就是小,再不然就是五官不端正。一言以蔽之,塑像的头和身子不相称,为了不误"开光"日期,就把千佛洞这尊释迦牟尼的佛像迁来。寺院落成后,命名千佛寺。"迁"与"千"两字音同,慢慢就成了千佛寺。

如今的古交千佛寺,明丽壮观,耸立在山腰上,红墙青瓦十分醒目,成为古交市的明显标识,在矿区鳞次栉比的高楼丛中,依然闪烁着古老而厚重文化的光彩。

■■解读■■

本文来自太原市太山博物馆。作者对千佛寺前世今生的详细叙述,还原了千佛寺的历史,对景区内具体景点的生动介绍,让游客产生了前来一探究竟的欲望。这里1055尊造像历经岁月沧桑完好保存至今,是历史馈赠于我们的一笔宝贵文化遗产,其潜在的研究、教育、文化价值难以估量。

◆古交油面儿

这是在古交市西南一带流传的一种炸制面食，是旧时过年家家必制的食品，吃起来味甜面酥。旧时人们生活拮据，所以把这种吃法称作"细吃法"或"细点心"。除自家食用外，也是供神、祭祖和馈赠亲友的佳品。

◆凤翔鸡翅

这是古交市非常有名的特色佳肴，鸡翅是主要食材。将鸡翅洗净沥水后用生姜、蒜、生抽、糖、盐、白酒腌制20分钟，最后放入锅中煮熟即可。西兰花焯水后作为点缀，味美色佳。

◆擦圪蚪

这是山西的一种家常面食。把面和得稍微软一点，然后按在扁眼的擦子之上，下漏直接掉入开水锅里，煮熟后配以各种浇头食用。这种面食极易嚼食，易于消化，非常适宜老年人及牙齿不好的人食用。

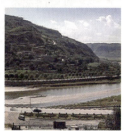

03 吕梁

"酒都"杏花村　北武当山

于成龙故居及墓地　玄中寺　卦山

碛口古镇　晋绥边区革命纪念馆

兴县"四八"烈士纪念馆

武则天纪念馆　刘胡兰纪念馆

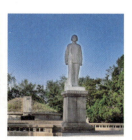

"酒都"杏花村

简介 | JIANJIE

　　一说起杏花村,我们就会想起妇孺皆知的诗句:借问酒家何处有,牧童遥指杏花村。汾阳杏花村作为中国八大名酒之汾酒、竹叶青的产地,一直以来都在山西人的心目中有着特殊的地位。作为我国著名的"酒都",杏花村的历史源远流长,早在南北朝时期,杏花村的酒就已经远近闻名。盛唐时,汾阳杏花村以"杏花村里酒如泉""处处街头揭翠帘"而成为我国酒文化重镇。有酒的地方必然有文化,故有诗酒文化一说,比如李白、杜甫、杜牧、宋延清、顾炎武、傅山、巴金、郭沫若等,都对杏花村赋诗赞誉。杏花村位于汾阳市杏花村镇西堡村,杏花村的酒品类繁多,尤以汾酒最为出名,其因"入口绵,落口甜,酒后有余香"而闻名于国内外。融"酒、诗、书、画、景"为一体的"酒都"杏花村,保存有丰富的与汾酒有关的各种历史资料,是酒文化研究者的天堂,也是中国汾

　　酒文化展示的最佳场所。而且作为"现代酒都",其厂区内景色优美,四处洋溢着酒香,是全国著名的花园式工厂。

　　考究汾酒的起源,目前还没有定论,但早在约1400年前的《北齐书》中记载了北齐武成帝高湛从晋阳写给河南康舒王孝瑜的信,信中说"吾饮汾清二杯,劝汝于邺酌两杯",说明此时已有"汾清"这个酒名。另据宋《北山酒经》记载"唐时汾州产干酿酒",《酒名记》有"宋代汾州甘露堂最有名",这些都说明汾酒的历史悠久。从某种意义上说,汾酒的历史就是中华酒文化的历史。2006年5月20日,杏花村汾酒酿制技艺经国务院批准列入第一批国家级非物质文化遗产名录。

引文 | YINWEN

清明

[唐]杜牧

清明时节雨纷纷,路上行人欲断魂。
借问酒家何处有?牧童遥指杏花村。

■■解读■■

　　这首诗是杜牧在清明节所创作的一首七言绝句,是诗人在清明节这天的所见所闻。整首诗自然流畅、通俗易懂、不事雕琢、清新生动,历来广为传诵。然而关于这首诗,有一个颇有争议的问题,即杏花村究竟在哪儿?现在主要有两种说法。其一,杏花村在安徽池州,因为杜牧在池州做过刺史;其二便是山西汾阳,因为这里有举世闻名的杏花村酒。但不管历史的真相是什么,也不管杏花村的归属在哪里,"酒都"杏花村以酒、以诗、以文化给这首诗赋予了灵魂。

访杏花村

谢觉哉

逢人便说杏花村,

汾酒名牌天下闻。

草长莺飞春已暮，

我来仍是雨纷纷。

■■■解读■■■

这首诗是谢觉哉创作的一首七言绝句。从诗中可看出作者对古代先贤诗歌的推崇以及对汾酒闻名天下的赞赏。杏花微雨，正是游览杏花村的好时节。

杏花村里酒如泉

郭沫若

杏花村里酒如泉，解放以来别有天。

白玉含香甜蜜蜜，红霞成阵软绵绵。

折冲樽俎传千里，缔结盟书定万年。

相共举杯酹汾水，化为霖雨润林田。

■■■解读■■■

1965年12月4日，郭沫若第一次踏上汾阳的土地。在这里他观看了汾酒、竹叶青酒生产的全部流程。

据说郭沫若是山西汾阳王郭子仪的后代，在四川郭沫若旧居里，还挂着"汾阳世第"的黑底金字牌匾。

杏花村访酒

梁衡

一般的可游之处，大约有两类。一是风景特殊的好，悦目赏心，怡人情怀；二是古迹名胜，可惊可叹，长人见识。当我去过我国著名的汾酒产地山西杏花村后，真不知道，该怎样来将它归类。

说是村，并名以"杏花"，其实现在这里是一个大型的国家名酒厂。历史上这里确曾杏林千亩、繁花如云的，直到现在也保持着历史古韵及风格，但凡来晋之人，无不尽力设法去游一次。这魅力实在是因为它那骄傲的产品——汾酒。游人之意并不在山水之间，而在酒。

来参观的人，最少安排两个节目，一是喝酒，二是看酒。先品其味，再看它的由来。餐厅是蛮别致的：墙上挂着名人字画，最醒目的是郭沫若手书的那首"杏花村里酒如泉"诗；墙角有一个酒柜，内有两个坛子，分别装着"汾酒"和"竹叶青"。服务员按照一般酒馆的做法，打开坛盖，将酒灌入瓶，再由瓶斟入杯。当液面停止了波动，你看杯中的汾酒，纯净透明，就像刚才并没有注入什么。竹叶青呢?则呈一点淡淡的黄色，令人想起春天里新柳的鹅黄。不觉间，一阵清香，已渐渐地，像一层看不见的薄雾漫过桌面，扑入你的胸怀，钻进你的衣袖。人们这时并不要靠眼鼻，而是全身无处不感觉到它的美了。主人举杯，我试酌一口，唇初沾而馨绵，口将咽又生甜，味柔和隽远。客人都笑了，脸上泛出甜甜的酒窝。但人们并没有大声赞美，只是微笑着颔首，仿佛怕喧声破坏了这酒厂的恬静。

■■■解读■■■

本文节选自梁衡的《杏花村访酒》。通过这段文字的记述，我们仿佛实地探访了一遍历史悠久的杏花村，也让我们感受到了这个古老"酒都"的韵味。

扩展 | KUOZHAN

汾州城历来被称作"四阳城",因其四面皆有阳光而得名。汾阳也是山西省历史文化名城,截至2020年6月,汾阳市共有全国重点文物保护单位9处、省级重点文物保护单位23处,其中杏花村汾酒老作坊被列入世界文化遗产预备名单。此外,还有省级历史文化名镇1个:杏花村镇;省级历史文化街区2处:武家巷、二府街。

汾阳十大名菜:汾州酱梅肉、虾酱豆腐、汾阳炉煿肉、砂锅羊肉、一品汾州核桃肉、奶汤炖神泉虹鳟鱼、汾阳烧汁山药、焦熘丸子、羊糊腊、汾阳焖子。

汾阳十大名吃:汾州绿豆糕、汾阳绿豆旋粉、汾阳烤肉饼子、葱花小烙饼、红面搁疙瘩、汾州茄团、汾阳月饼、汾州贾街黄金窝头、汾阳石头饼、泡泡油糕。

北武当山

简介 ｜ JIANJIE

北武当山又名真武山，古称龙王山，位于山西省吕梁市方山县境内，吕梁山脉中段。其名称的来历为：明代修复玄天大殿后，根据"非玄武不足以当之"之意，更名为武当山；又因其位于北方，故改称北武当山。这里的自然景观赏心悦目，人文景观历史久远，是北方著名的道教圣地。1990年被山西省人民政府民族宗教事务局批准为道教活动场所，1994年1月被国务院公布为国家级4A级旅游景区。素有"三晋第一名山"之称的北武当山是吕梁山脉的一颗明珠，山中那些千姿百态的怪石如神工鬼斧削劈，让人流连忘返。山中小金顶建玄天真武庙，庙中存有壁画、石刻多处。因其独特的自然景致，我国著名国画家吴冠中先生曾经两次登上北武当山，他认为北武当山上的花岗岩小圣石与奇松，无论其自然造型或是天然的分布章法，都应该属于黄山一族。我国当代的旅游地学理论家、北师大教授卢云亭先生则认为北武当山兼有泰山之雄、黄山之奇、华山之险以及峨眉之秀和青城山之幽。这样高度的评价足以证明北武当山的自然景色之美、人文气息之浓厚。每年农历三月初一至初三，是北武当山古庙会期，届时游人如云。据史载，唐朝时"朝山进香者年复一年，久盛不衰"。

北武当山主峰四周几乎都是陡壁悬崖，只有一条人造"天梯"可攀。来到山脚下，过五里黄土、五里沙路，便是1400余级就山凿筑的石阶，凡险峻之处，设有铁索扶手。石阶一线叠置，从下仰视，宛如"天梯"。游人攀登，每一步都可听到悠扬顿挫的"石音"，形成独特的"石乐"绝景。沿着石阶，奇松异石、庙宇石刻，掩没在葱郁的山林植被之中，相间点缀，相映成趣。主要的山石景观有：古猿望日、石猪受难、九龙出洞、石象守山、天壶倾露、石羊朝圣、石龟下蛋、石虎、石蛤蟆、龟蛇斗智等。最令人称奇的是"龟蛇斗智"奇观，相传神龟和青蛇不安心修道，互相格斗，经过七七四十九天的鏖战，神龟节节败退，青蛇步步紧逼。其时，恰逢真武大帝返宫，见状，轻轻用手指一点，龟蛇便动弹不得，从此永久停留在这里，成千古一绝——"蛇石"虎视眈眈，"龟石"尾临悬崖，万斤重石，峭立崖畔，用力一推或经风一吹，便摇摇欲坠，令人心悬，所以又称风动石，为我国罕见的景观之一。主要的奇松景观有：鸳鸯松、迎客松、托天松、母子松等。最令人叹为观止的是"擎天探海松"，其松立于石阶半道，树身枝分两杈，一枝刺青天，一枝瞰群峰。近金顶登南天门石阶，旁边陡崖上刻有"乔松"二字，据载为清代道光年间永宁州牧王继贤手迹。现存乔松树桩直径近一米，可以想见其昔日雄姿。主要的悬崖峭壁有：千仞壁、舍身崖、鹰嘴崖等。还有呈垂直分布的植被，其色彩和花期随季节变化，给北武当山披上了"春粉、夏艳、秋红、冬白"的盛装。登临武当之巅，一览众山，但见远山苍茫，松风扑面，白云飘逸；只闻松涛阵阵，山泉潺潺，鸟语唧唧，似琴弦轻拨；夏秋之季，如晴空万里，金顶之下，丛林景观相间，似七彩织锦；白云远处，群山连绵，犹如万龙翻腾，极为壮观。

■■ 解读 ■■■

本段文字摘自山西古籍出版社出版的郭建军著《三晋名胜》一书。书中对北武当山的雄、奇、险、秀做了详细论述，字字珠玑，让人有身临其境之感。

神话传说

古猿望日

说到北武当山，这里有一个非常有趣的传说。当年唐僧在取经的路上，遇到一个成精的六耳猕猴，后来被观音菩萨收走。可是猕猴手下的一个小猿精却得以逃脱，一直逃至东胜神洲的北武当山脚下，抬头一看，好一座奇山秀峰，心想：何不就此独占山头，永世为王？可此时正好是净乐王太子玄元修道成真，登上北武当山前坡，巧遇天神点化之际。这小猿精一见天神降临，以为是观音又来收他，便慌忙藏于坡前花丛之中，正好看到天神在坡前将玄元太子封为真武大帝永镇此山。小猿精目睹此景，没了主意：欲出来占据山头，自知真武不容；逃往别处，又舍不得此

山景。思之良久，主意拿定，还是静卧此处，伺机而动，只要真武神外出行游一走，即刻出来占据山头。第二天，果然真武离山出巡，小猿精偷看了好长时间，不见真武返宫，高兴异常，心想，真是天助我也。于是抖起精神，将头直起，伸出花丛，仰视天日。正当它举头望日、万分得意之时，真武大帝突然出现在它眼前，举手一指，这猿头即刻变成山石，一动不动了。从此古猿仰天望日，历经千年的沧桑风雨，在此做着自己未圆之梦。

龟蛇斗智

北武当山主峰对面，有个小山峰叫水火峰，峰顶有两块巨石酷似龟和蛇。两石相距约3米，两头对峙：蛇头意欲朝前猛窜，大有将对方一口吞下或逼至崖下之险；石龟背后是悬崖，那情景好像是等对方渐渐逼近，与之决一死战，显出毫不畏惧之势。这两块奇妙的怪石从何而来？原来还有一个有趣的故事。

真武祖师修炼成真，被封为北武当山玄天大帝并永远镇守此山的消息，传到了一只千年老龟之耳。它非常气愤，自己修炼了几百年还未能受封，真武祖师只修炼了42年就封了正神。于是潜来此山，意欲探个究竟。当它看到独占主峰无望时，便一眼瞅准真武大殿对面的一个秀丽小峰。这时，恰巧背后又来了一条修炼千年的蛇精，其意图和老龟完全相同。两者几乎是同时登上此峰，于是双方在山顶展开了一场激烈的搏斗。经七七四十九天的鏖战，老龟渐觉力不能胜，而青蛇又紧追不舍。眼看老龟将被逼下悬崖，恰逢真武大帝出巡回宫，见状，轻轻用手指一点，龟蛇就动弹不得了，从此化为巨石，永远停留在了这里。

解读

这两个神话传说都出自百度百科。从神话故事的流传广泛可看出北武当山的奇，加之其色彩丰富、变化多端，深入其中更是犹如进入仙境，给人以魔幻之感。

扩展 | KUOZHAN

◆沙棘

沙棘是我国西北部大量种植的一种植物，主要用于沙漠绿化。沙棘果实中维生素C含量高，素有"维生素C之王"的美称。沙棘是方山县特产之一，被人们制成酒类、饮料等产品，清爽可口，美味无穷。

◆莜面

莜面是方山当地百姓餐桌上常见的主食。把莜面搓成细长条，放入蒸笼蒸一刻钟左右，蘸着新鲜的西红柿酱或者用辣椒炒着吃，美味无比，风味十足。

于成龙故居及墓地

简介 ｜ JIANJIE

　　于成龙故居位于吕梁市方山县北武当镇来堡村,于成龙墓地位于方山县峪口镇横泉村。2016年6月6日,于成龙故居及墓地被山西省人民政府公布为第五批省级文物保护单位。于成龙故居是于成龙前半生生活、学习的重要场所,这片钟灵毓秀之地养成了于成龙优秀的品格,孕育了他深厚的文化底蕴。于成龙故居采用传统的建筑形制和简洁质朴的建造风格,这些建筑印证了于成龙清廉为官的历史事实。于成龙故居现存三座宅院,全部为清代建筑、四合院格局,是研究清代建筑的珍贵资料。于成龙墓地是清代一品官员墓葬的珍贵实例,为研究清代坟茔制度提供了重要例证,其独特的墓室构筑方式,为研究吕梁市清代墓葬的特点提供了实物资料,具有较高的历史价值。

《聊斋志异·于中丞》

蒲松龄

于中丞成龙,按部至高邮。适巨绅家将嫁女,妆奁甚富,夜被穿窬席卷而去。刺史无术。公令诸门尽闭,止留一门放行人出入,吏目守之,严搜装载。又出示,谕阖城户口各归第宅,候次日查点搜掘,务得赃物所在。乃阴嘱吏目:设有城门中出入至再者,捉之。过午得二人,一身之外,并无行装。公曰:"此真盗也。"二人诡辩不已。公令解衣搜之,见袍服内着女衣二袭,皆奁中物也。盖恐次日大搜,急于移置,而物多难携,故密着而屡出之也。

又公为宰时,至邻邑。早旦,经郭外,见二人以床舁病人,覆大被;枕上露发,发上簪凤钗一股,侧眠床上。有三四健男夹随之,时更番以手拥被,令压身底,似恐风入。少顷,息肩路侧,又使二人更相为荷。于公过,遣隶回问之,云是妹子垂危,将送归夫家。公行二三里,又遣隶回,视其所入何村。隶尾之,至一村舍,两男子迎之而入。还以白公。公谓其邑宰:"城中得无有劫寇否?"宰曰:"无之。"时功令严,上下讳盗,故即被盗贼劫杀,亦隐忍而不敢言。公就馆舍,嘱家人细访之,果有富室被强寇入室,炮烙而死。公唤其子来,诘其状。子固不承。公曰:"我已代捕大盗在此,非有他也。"子乃顿首哀泣,求为死者雪恨。公叩关往见邑宰,差健役四鼓出城,直至村舍,捕得八人,一鞫而伏。诘其病妇何人,盗供:"是夜同在勾栏,故与妓女合谋,置金床上,今抱卧至窝处始瓜分耳。"共服于公之神。或问所以能知之故,公曰:"此甚易解,但人不关心耳。岂有少妇在床,而容入手衾底者?且易肩而行,其势甚重;交手护之,则知其中必有物矣。若病妇昏愦而至,必有妇人倚门而迎;止见男子,并不惊问一言,是以确知其为盗也。"

■■解读■■

本段选自蒲松龄《聊斋志异》。文中描写了于成龙破解偷盗案件的两则故事,鲜明地刻画出一个擅长破案的廉吏形象,展示出于成龙超然的判断力和为民负责的精神。

历代评价

康熙:"清官第一,天下第一廉吏。"康熙破例亲自撰碑文并题写"高行清粹"匾额给予褒扬。

乾隆曾数次遣官祭于成龙之祠,并御书"清风是式"四字。

戴震:成龙清严忠直,勤劳治事,官吏无不敬畏,归于廉慎。

李中素:古人得一节,足以传之无穷,公则萃于一身,无往而不备矣。

范鄗鼎:余读《明史》,而叹廉吏之难。

其人也，三百年来首轩轾，轾之后有吾阳城杨继宗，厥后有布政张黼、副使刘俊、岳州知府张举与吾邑洪洞卫英数人，前辈石公瑶言之彰彰哉！余观数人，廉而或短于才，才矣而或疏于学或馁于气。才、学、气备矣，而或不得于君，不获于上，政事止及于一时一隅之间。君子惜其用廉之未尽善也。本朝养士四十余年，得于先生，先生之廉可不谓其尽善乎！廉则心清，心清则理明，理明则才全，理明则学优而气壮。

武袛遹：其刚毅自矢，不畏强御，则包孝肃也；其精白一心，可对天地，则赵清献也；其安上利下，扶危定倾，则司马温公也；易篑之日，仅余竹篓败笥，污衣旧靴，银钱毫无，则海忠介之萧条，棺外无余物，冷落灵前有菜根也！所谓"言顾行，行顾言"，公之谓也。

熊赐履：呜呼！余考传记，三代而后以廉干称者代不乏人，然类多矫饰沽激，流为刻核，以纳于偏畸。故措施建树、表里初终之际，往往难言之。未若公之狷介性成，质任自然，略无矫强刻厉之迹。而诚意感孚，无不服教畏神，不疾而速，直有超越于古人之上者。然后叹公为真不可及，而益信诚中形外之为不诬也！

彭绍升：操执似海中介，智略似王文成。行成于独，不言而人自化。用能保圣天子始终之恩，立百尔在官之准，永斯人没世之慕。区区发奸禁暴，岂足以见公之厓量哉。

于准：先清端平生从不讲学，而所行未尝不合于道。素景慕者，汉则江都、隆中，唐则邺侯、宣公，宋则魏公、温公，明则文清、文成。

■■解读■■

通过清朝两代名帝和时人对于成龙的评价可以看出其为人的正直和为官的清廉。励精图治的明君和一心为民的清官都是相互成就的。于成龙为官23年，勤勤恳恳，任劳任怨，始终坚持自己的原则，无愧于康熙帝"天下第一廉吏"的评价。

扩展 | KUOZHAN

◆方山伞头秧歌作为一项民俗活动，是山西众多秧歌中的一种。手执花伞者领头舞蹈和演唱秧歌，故称"伞头秧歌"。主要在吕梁市的临县、离石区、柳林县、方山县、中阳县、石楼县等地区流行，在当地俗称"闹会子""闹阳歌"。2008年，入选非物质文化遗产名录。

玄中寺

简介 | JIANJIE

　　玄中寺位于山西省交城县西北10公里的石壁山上，建于北魏延兴二年（472），承明元年（476）建造完成。石壁山山形如壁，层峦叠嶂，因此玄中寺又曾改名为"石壁寺"。1983年，玄中寺被国务院列为汉族地区佛教全国重点寺院；2012年，被国家旅游局评为4A级旅游景区。玄中寺中最有价值的是历代碑刻，有北魏、北齐和隋朝的雕像碑，唐朝的戒坛碑，寺庄山林四至碑，石壁寺铁弥勒像颂碑。宋、元、明、清的碑刻有数十件，为研究我国佛教史、雕塑史，尤其是玄中寺和净土宗历史提供了重要资料。中国历史上曾有两位皇帝亲至于此，即唐太宗李世民和金章宗完颜璟。唐太宗于贞观八年（634）来玄中寺为他的母亲文德皇后祈福去病。金章宗完颜璟，在金泰和七年（1207）九月来到玄中寺，作有诗句："金色界中兜率景，碧莲花里梵王宫。"寺内整体构造雅致大方，天王殿、大雄宝殿、七佛殿、千佛阁平行排列，错落有致，与山势融为一体。

引文 ｜ YINWEN

游石壁

[金]郝天挺

绝壁秋容胜，荒坛冷气清。
野僧留客饮，山鸟胃人鸣。
已极登临兴，无穷今古情。
浩歌一樽酒，四海共升平。

■■解读■■

郝天挺是金代的教育家、大儒，这首《游石壁》是其在游览玄中寺之后所留下的作品。诗人通过描写古寺周遭的景色和荒寞的佛坛说明此处景色的优美和险绝。寺中的僧人热情留客，山中的野鸟喧闹鸣叫。通过景色和人物形态的对比，突出抚今思古不尽的幽情。最后诗人情感达到升华，举杯高歌祝愿天下太平。

游石壁题

[金]赵点

路转八九里，云藏四五峰。松萝深绝壁，殿阁倚晴空。

涧草摇疏绿，岩花坼晚红。更看高氏字，只与卫华同。

这首诗是金代诗人赵点游览玄中寺后所作，描写了玄中寺的美丽景色。路转九回，云藏雾绕，松萝叠翠，殿阁晴明，好一处人间仙境。此诗节奏明快，感情饱满，景物描写细致有趣，突出了玄中寺的优美景色和悠久文化。

题石壁
[明]彭宪范

选胜相携上翠微，危峰壁立挂朝晖。静闻清磬猿心定，间看残碑鸟迹稀。

入座泉声飞法雨，连空云影绕禅衣。兴来直欲买山住，懒向尘寰问是非。

■■解读■■

这首诗是诗人在寺庙游览之后所作。三五好友为观看美景相携进入山中，峰险壁立，惊险万分。山中清脆的乐声能让猿猴都安静下来。坐下来听到悦耳的泉水声响，仿佛佛法普度众生，如泉水之润泽万物。石壁陡峭，与空中云影相接，云烟缭绕于僧人的僧衣；兴之所至直接想买下此山常住，懒得在尘世间问所谓的是是非非。通过这些描写，能感受到作者为此处的优美环境所陶醉。

玄中寺"鸠鸽二仙"传说

玄中寺"鸠鸽二仙"传说，是流传于三晋区域的民间故事。故事描述的是唐贞观末，有鸠鸽在玄中寺僧舍屋檐下筑巢，哺育二雏。老僧看其可亲可爱，便将剩饭喂给它俩吃。后来两只小鸟羽翼尚不丰满就急着学飞，结果双双摔死，老僧便将其埋葬入土。十来天后，老僧夜梦两个儿童对他说：我们原有罪，被罚为鸟类。因为听到您念《法华经》而得妙法帮助，转生为人，投胎到离寺十余里某村一户人家，十个月后将诞生人世。时间到了，老僧前往探访，果然有妇人孪生二男。老僧为两婴儿做满月佛事，并唤出"鸽儿"之名，而两婴儿竟能应声作答。若干年后，两个孩子长成少年，老僧便把他们领到玄中寺，拜师出了家。从此，这两个孩子便开始清苦地持戒修行。他们修行的地方就在玄中寺北面山崖下的一处叫龙堂的石洞里。在那里，他们万念俱寂，一心修行，整整四十年不辍，最后一齐坐化在石庵之中。

一千多年来，玄中寺"鸠鸽二仙"传说久传不衰。其表现了百姓生活、伦理道德、思想情感，反映了广阔的社会风貌，蕴含了大量的

民俗材料，与民俗环境相辅相成、水乳交融。玄中寺"鸠鸽二仙"传说与"鸾公岩"成为一组有传说、有实迹的珍贵历史文化遗产。玄中寺作为中国佛教净土宗祖庭文化，自唐代传承至今，在中国及日本、东南亚佛教界影响深远，是研究中国佛教文化的典型。2009年4月，交城玄中寺"鸠鸽二仙"传说被评为省级非物质文化遗产。

■■解读■■

本文选自交城县人民政府网。通过对传说故事的记载，可以了解当地人对文化的重视。这些传说故事大都是口耳相传，时间印证着它的生命力，也展示出当地人的精神气质。

扩展 | KUOZHAN

◆滩羊皮鞣制工艺

滩羊皮鞣制工艺是山西省交城县地方传统手工技艺，起源于明代中叶。2008年6月7日，国务院将其列入第二批国家级非物质文化遗产名录。交城县滩羊皮鞣制工艺复杂，依靠手工操作，通过20多道工序，最终生产出滩羊皮成品。生产出的成品轻柔暖和，美观大方，具有很好的装饰效果。但因从事此项工艺制作的老技工大都年龄已近七旬，后继乏人，濒临失传，因此要更加重视对这项技艺的保护与传承。

◆"琉璃咯嘣"制作技艺

"琉璃咯嘣"是交城流行的一种特殊音乐玩具，用紫红色玻璃制成，形状如葫芦，瓶身轻薄，一吹一吸，便能发出清脆悦耳的"咯嘣、咯嘣"声，孩子们非常喜欢。据史料记载，我国各地类似"琉璃咯嘣"的手工制品都源于交城，交城县夏家营镇覃村是"琉璃咯嘣"的原始产地，距今已有四百年的历史。交城"琉璃咯嘣"在筑炉、吹制、配料等方面的制作技艺复杂，显示了这一地区玻璃制作技艺的精湛。"琉璃咯嘣"与对联、年画、剪纸等一起成为乡土文化的代表性符号，具有珍贵的民俗文化价值。2006年12月，被评为省级非物质文化遗产。

卦山

简介 ｜ JIANJIE

　　卦山位于吕梁市交城县城北3公里处，其名因群峰环列形同卦象而得。山上有创建于唐贞观元年（627）的天宁寺、铸铁碑、毗卢阁、唐槐等景点。宋代书画家米芾将其列入三山五岳的行列，称誉其为"第一山"，是国家4A级旅游景区。卦山景区自然风景独特，松柏树木千姿百态，终年常青。古柏扎根于悬崖绝壁，钻岩抱石，姿态各异，比较出名的有龙爪柏、牛头柏、连理柏、文武柏等，惟妙惟肖、情趣盎然。卦山的千年古刹有许多神秘的传说，被道家视为天然道场。始建于唐代的古建筑天宁寺古香古色，文化积蕴深厚。卦山天宁寺是山西省重点文物保护单位、山西省爱国主义教育基地、山西省德育基地。

游卦山记

[清]赵吉士

交城北境，层峦迭翠，蜿蜒几二百里，而卦山最有名。志云：山断续如卦。然去郭五里，盖之镇山也。交之俗，五月六日自令长以及士女，皆担簋携壶，以登以嬉。予莅交适逢其期，与二三君肩舆游焉。崎岖逶迤，由平而坡，约二三里，而得少憩，于其所为天宁寺者。而寺之后，危栏飞甍，奋然跃出于山之坳者，毗罗阁也。舍舆而步，摄衣盘旋而上者又二里许，而颓垣古瓦，穆然平敞于山之肩者，石佛岩也。依毗罗之阁，翠柏游人，参差交映，尽林壑之美焉。坐石佛之岩，汾水如带，孤城如斗，平畴远山，如绣如画，极眺望之远焉。于斯时也，力已疲而兴方酣，复求登夫所谓"三十三天"者。东西曲屈，足不可驻。又二三里，一峰屹立，盖唐时所建石塔，而斯山之最高顶也。苍然数松，于焉止息。俯伏万山，回合一气。惕乎以惊，悄乎以思。南望绵上，北顾藏山；右盼文谷，左瞻晋阳。赋龙蛇之章，吊下官之难，黯然伤怀。想子夏之休风余韵，与襄子之创业艰难，低徊者久之。日色渐西，再停再下，少饮于寺之左岩，微醺而后去。乐哉游已夫！余浪游四方，方其自吴而楚，而齐而燕，而秦而梁而晋，泛五湖、涉大江、绝黄河、经泰岱，越桑干而并滹沱。出井陉之口，逾固关之险，

上太行以望巩洛。凡所经历皆名山大川，古帝王豪杰成败战争之所。可喜可愕，可歌可思。兹山虽名胜，岂得与是数者同乎哉！乃往者风尘奔走，憔悴帆樯马足之间，徒见其苦。而今于是游，若独有乐焉。盖境以情移，情以事异，山水之胜，唯安以暇者得之也。虽然令烦职也，即兹土幸地僻而事省。顾方当水旱荐臻之后，流离者始复，饥者方待之以食，寒者方待之以衣，劳者方待之以息，迁徙者方待之以室家，其为不安与不暇者多矣。且夫聚散何常，则兹山常在，而予与二三君其能数数寻是游乎！则于今日之乐而更不禁异日之感焉。

笔而记之，所以志异日之感也。时同游者为广文耀昆王君琇，汾阳人；丞大刘郑君万善，河南郏县人；尉灿如郭君景明，陕西富平人。

■■解读■■

本文选自赵吉士著《牧爱堂编》，是其在交城任职时游览卦山所作，文中可见卦山深厚的人文底蕴。赵吉士，字天羽，又字渐岸，号恒夫，安徽休宁人，入籍钱塘。其在交城任职共5年半，其间开渠、植树、修路、筑城、葺署、挖湖、兴学、均徭、劝农、修志等，颇有治绩，深得当地人爱戴。作品有《续表忠记》《寄园寄所寄》《杨忠公列传》《录音韵正伪》《牧爱堂编》，诗作有《万青阁全集》。曾主持编纂《交城县志》《徽州府志》。

卦山

[清]潘耒

卦山交山阳,孤峰独崔嵬。
下眺一气中,棱棱露岩崖。
森如六爻列,错若诸卦排。

我来正雪霁,寒空无纤埃。
群峰皎练明,万柏攒一苔。
远见介山巅,干霄白皑皑。
近瞩交城城,微茫辨楼台。
文峪下西溪,汾川自东来。
连山走黄河,屏嶂却抱回。

谁言万家县，形势亦壮哉！
守险在良牧，济世须雄才。
利铁锢穷岩，健马嘶风哀。
刘渊亦何人，石匣为之开。
苍天不可问，浩歌舒远怀。

■■解读■■

　　这首诗是潘耒登临卦山所作。潘耒是清代
江苏吴江人，字次耕，又字稼堂，晚号止止居士。
他是潘柽章之弟、顾炎武弟子。参与纂修《明
史》。潘耒平时喜欢到处游走，所创作的诗文也
以游记居多，有《遂初堂诗集》《类音》等。

扩展 | KUOZHAN

◆交城骏枣

交城骏枣是吕梁市交城县特产，全国农产品地理标志，也是山西四大名枣之一，其生长气候和地理条件独特，被誉为"枣后"。骏枣形态独特，外形呈圆柱形。其色泽深红、皮薄肉厚、核小果大、脆甜味香。枣肉可提取食用香精，又可入药，有补血益气、安神养胃、健脾抗癌之功能。2008年7月1日，原中华人民共和国农业部正式批准对"交城骏枣"实施农产品地理标志登记保护。

◆交城梨枣

交城还有另一种地理标志产品，即交城梨枣。它是中国稀有名贵鲜食优良品种，主要分布在平川地区，被誉为"枣中之王"。梨枣果皮薄、果肉厚，色泽艳丽，脆甜微酸。2008年11月3日，原中华人民共和国农业部正式批准对"交城梨枣"实施农产品地理标志登记保护。

碛口古镇

简介 | JIANJIE

碛口古镇位于吕梁山脉西侧，紧邻黄河，处于吕梁临县之南端。明清至民国年间，借着黄河水运成为北方商贸重镇，享有"九曲黄河第一镇"的美誉。其地处当年山西与内蒙古、晋陕商道水陆交通的中心点，是商品的重要集散地，因此造就了这个"弹丸之地"的赫赫声名。碛口主要景点有"古镇风韵""水旱码头""卧虎龙庙""黄河漂流""二碛冲浪""麒麟沙滩""黄河土林""红枣园林"和以"西湾民居"为代表的一批具有黄土高原建筑特色的晋商老宅院。古镇老店铺、老字号、老房子上有明清风格的砖雕、木雕、石刻，古色古香，地面都用石板铺就。漫步在街道上，感受着晋商文化留下的辉煌，落霞晚照，点点星光，仿佛穿越时空，别有一番风味。2005年9月，碛口镇入选第二批中国历史文化名镇名单。

"游山西 读历史" 吕梁篇：
游碛口古镇，品文化之韵

杨伟东

黄河因"碛"而生险，碛口因"险"而成镇。碛口古镇是吕梁乃至山西黄河文化的一个缩影和象征。碛口，是吕梁山中、黄河边一座古镇，山西临县的一个古渡口。碛口古镇，位于山西省临县城南50公里处，依吕梁山，襟黄河水，是中国历史文化名镇，镇内的西湾村是首批中国历史文化名村。

碛口古镇后街只有200余米，却转了18道弯，这些建筑完全依地形而建，街道都用石头铺砌，店铺都是平板门，门前都有高圪台。在主街道南有二道街、三道街，一条比一条短，形成了梯形的建筑格局。据记载，碛口店铺大规模修建是从清乾隆年间开始的，道光年间，全镇已有店铺60余个，到民国五年，店铺林立，除本县外还有包头、河曲、绥德、府谷、孟门、汾阳、孝义、介休、平遥等地人开的店铺，多达204家。由于古镇至今还保持着原始质朴的居民生活形态，所以又有"活着的古镇"之称。

抗日战争、解放战争时期，碛口是华北通往延安的主要运输口岸，当时镇内建有军工厂、军衣厂，为繁荣边区经济和解决八路军、解放军的物资发挥了重要作用。1948年3月23日，毛泽东等老一辈无产阶级革命家东渡黄河夜宿于碛口，后转到西柏坡指挥了全国解放战争。现镇内保存有毛泽东东渡黄河纪念碑和路居处等。

闲暇时光，悠然漫步在古道上，品古道之韵，仿佛置身于其间，眼前是赤裸身体的船工正在努力拉纤，是衣冠堂堂的掌柜正在谈论生意，是街头表演的艺术之美和随之而来的阵阵喝彩。街上的驼铃声、叫卖声响彻耳畔……

摸一摸街道两边的石壁，触摸着历史

的痕迹，身边是各式各样的店铺，路旁的酒楼传来阵阵的交谈声，远方而来的商人将货物卸下，提起行囊，极为气派地跨进客栈，要来一盘油炸花生米、一壶当地的老黄酒，极闲暇地品味着，酒楼老板的脸上是灿烂的笑容……

听一听古镇的闲暇趣事，倾听着属于那个时代的故事，是古镇衙门的判决之声，是说书先生的激情讲述，是门口小儿郎的快乐之声，是游子归来的激动之情……

黄昏时候，夕阳染红黄河，坐在木椅上，喝一口清茶，听着黄河的浪涛声。在百年老客栈里逗留，登高望远，怀古之情顿生：念天地之悠悠，独怆然而涕下。

■■解读■■

本文选自黄河新闻网。通过作者文采飞扬的描写，我们了解了碛口古镇的缘起以及历史沿革。精彩的风景介绍，让大家深刻领会到黄河文化的博大精深和自然造就的鬼斧神工。

扩展 | KUOZHAN

◆临县道情戏

道情戏是一种集文学、表演、音乐、唱腔、歌舞、美术为一体的艺术形式，是晋西北的临县以及吕梁山沿黄河一带流行的一种民间小戏种，起源于唐代道士所唱的"经韵"。而"道情"一词最早出现于秦朝，主要表达隐逸逍遥的思想感情。宋代发展成为唱白相间的曲艺形式道情鼓子词。临县道情传统剧目有以反映道家内容为主的"韩门道情"戏和明清时广泛流行的"民间小戏"。2006年5月20日，临县道情戏经国务院批准列入第一批国家级非物质文化遗产名录。

◆临县大唢呐

临县大唢呐是临县地域文化的独特表现方式，具有典型的黄土高原风味。唢呐因其音量大而有力，音色高亢，适用于表现热烈、欢腾的气氛和雄伟、壮阔的场面，是民间婚丧仪仗和吹打合奏中的主要乐器。用它伴奏的戏曲和说唱音乐，具有浓厚的乡土风情和地方色彩，是一件表现力很强的乐器。唢呐可用于独奏、合奏或伴奏。其先后入选山西省第一批非物质文化遗产与第四批国家级非物质文化遗产代表性项目名录。

◆临县伞头秧歌

临县伞头秧歌是一种大型民间舞蹈，起源于我国古代祭祀活动中的迎神赛会和民间傩舞，主要流传在晋西吕梁山区的临县及周边地区。临县伞头秧歌形式多样、生动活泼、奔放热烈，一般在节庆日的街头或者广场表演。秧歌队人数不定，少时七八十人，多则两三百人。演出时走在前面的是门旗、彩旗和鼓乐队，紧接着又有架鼓子和各种小会子表演，随后跟着长长的龙舞、狮子舞队尾。伞头是所有参演者中最具有灵魂的角色，在伞头的带领下队伍踩着锣鼓唢呐的节奏尽情舞蹈，远远望去好似一条欢腾的彩色巨龙。因其热闹喜庆的形式，当地百姓非常喜欢，成为吕梁地区深入人心的民间舞蹈样式，也是黄河文化和黄土文化的典型代表。2019年11月，入选国家级非物质文化遗产代表性项目名录。

晋绥边区革命纪念馆

简介 | JIANJIE

　　晋绥边区革命纪念馆位于吕梁市兴县蔡家崖村，馆址即原晋绥边区政府及军区司令部旧址，由三个院子组成，其中工作人员办公大院为后来续建，旧址部分为一大一小两个院子的套院，建筑物主要是石拱窑洞、砖包大门、起脊瓦房等，充分体现了20世纪三四十年代晋西北地方民居的特色。现对外开放的原状陈列有毛泽东、周恩来、任弼时、贺龙同志的旧居，有晋绥干部会议旧址、对晋绥日报编辑人员谈话旧址以及六柳亭等，辅助陈列有晋绥边区革命斗争史陈列室、毛主席在蔡家崖革命活动展览、贺龙同志生平事迹展览等。晋绥边区革命纪念馆于1995年3月被山西省委、省政府公布为山西省爱国主义教育基地，1996年11月被国务院公布为全国重点文物保护单位，2005年11月被中宣部公布为全国爱国主义教育示范基地，2013年6月被中共山西省委党史办公室公布为山西省党史教育基地。

蔡家崖报告（节选）

赵峻青　王少科

蔡家崖，作为著名的革命根据地，已经载入光辉史册。关于这片土地，以及这片土地上的人和故事，都是一笔丰厚的精神和文化财富。在当今日新月异的变化中，蔡家崖这个偏僻山村，或许已经不再是时代的主角了。它仿佛一位缀满勋章的功臣，被人们敬仰。而更多的时候，则是作为一个旅游景点供人们观光纪念。

说到旅游景点，凡是发生过重大事件或者传说的地方，都极具人文价值。比如洛阳的白马寺，比如杭州的西湖……同样的还有井冈山、瑞金、延安、蔡家崖等。作为景点，与前者相比，后者更具不同的意义。这些地名，作为个体的存在也许并不重要，但与我们这个时代的过去、现在和未来荣辱与共——因为这方土地的血液和基因，尤其是在这个万花筒般的特殊年代。

蔡家崖是山西的，更是中国的。全国没有忘记这里，山西更不能忘记这里。最近，本

报记者再次走进这里，记录下了一些"故事"和"新事"，希望能给读者一些启发和思考。

兴县蔡家崖，不是一个普通的村庄。

毛主席在这里发表了两篇著名文献——《在晋绥干部会议上的讲话》和《对晋绥日报编辑人员的谈话》。在那孔简陋的窑洞里，一盏油灯下，毛主席还亲笔起草了《土地改革和新民主主义革命时期的总路线总政策》，对全国新老解放区的土改、整党工作，以及全国解放战争的胜利产生了深远影响。

这里曾经是晋绥根据地的首府，是中共中央晋绥分局和八路军一二○师师部所在地。是晋绥边区政治、军事、文化中心，时人誉称"小延安"。

贺龙、关向应、习仲勋、林枫、续范亭、周士弟、李井泉等将帅元勋长期生活和战斗在这里。毛泽东、朱德、刘少奇、周恩来、任弼时等中央"五大书记"也先后移居此地。

作为陕甘宁边区的重要屏障，晋绥根据地为保卫党中央建立了不可磨灭的功勋。

八年抗战中，只有9万人口的兴县，养育了近4万晋绥党政军革命队伍，全县参军人数达1万多人，牺牲3000多人。

历史选择了蔡家崖。让这个普通的晋西北小山村，在中国革命史上写下浓重的一笔。

■■解读■■

本文节选自《山西日报》2015年5月4日发表的《蔡家崖报告》。蔡家崖是红色兴县的一座古老小山村,在这个小山村里有一座永恒的丰碑、一段不朽的传奇。这里的山山水水、一草一木都在讲述着"没有共产党就没有新中国"的历史真谛。现在蔡家崖是整个兴县振兴的重要支点,作为全国重点文物保护单位、全国爱国主义教育示范基地、全国百个红色旅游经典景区之一,蔡家崖也在发展旅游业的同时,迎来了新的发展契机。

等你

田潇鸿

我在巅峰等你
等你去采天空最闲的云
我在山坡等你
等你把欢笑填满沟壑
我在山麓等你
等你把初心用绿叶包裹
我在河心等你
等你掬起黄色的风情
我在窑洞等你
等你引燃红色的火苗
我在历史的砖缝里等你
等你把昨天和明天捏成蔚蓝
我在兴县等你
等你来读四季的风
和坚守的雪
和粗壮的根
我在等
你蓦然回首
清溪唱起的地方
我们已是
久别重逢!

■■解读■■

这首诗歌的作者是田潇鸿,曾用名田晓虹,为三晋出版社编审、《当代诗人》特邀编审。她的这首诗歌热情洋溢地赞颂了兴县红色老区的风貌,给人清新自然之感。

◆兴县峁底村胡麻油

兴县是中国食用油压榨的发祥地之一，也是中国食用油压榨技艺的传承地。胡麻油以胡科植物脂麻种子榨取而得。用传统石碾纯手工碾出，大梁压榨，保留了食物的自然芳香，纯属天然精华，口感绵软、清香，长期食用有益于身体健康。2013年，胡麻油传统手工压榨技艺被评为山西省非物质文化遗产。

◆兴县冒汤

关于兴县冒汤名字的来历有三种说法：一种是粉条上盖了饺子，形同人戴了帽子；一种是取其谐音"冒"与"茂"同音，以此祝愿冒汤生意越来越兴隆；一种是寓意吃冒汤的人，吃了之后，家庭兴旺发达，财源广进。兴县冒汤咸麻酸辣、鲜香可口，是远近闻名的风味小吃。

◆拉丝烙饼

拉丝烙饼是兴县的一道特色小吃，其色泽金黄，口感酥而不腻，非常有名。拉丝烙饼因制作者在饼熟之后将其腾空甩起，然后两手向中间一合，抖成细丝一团，所以得名。拉丝烙饼的饼皮极薄、层次均匀、丝细且长，一般配上冒汤一起吃。

◆啦叨叨

"啦叨叨"名字很特别，是兴县独有的传统美食，制作工艺比较考究。按照比例将莜麦面里加入面筋粉，倒入开水搅拌成絮状，晾凉后揉成团，然后把面团擀成面片，蒸15分钟，晾凉切条。再配以特制的调料，入口爽滑，美味无穷。

兴县"四八"烈士纪念馆

简介 | JIANJIE

　　"四八"烈士纪念馆位于兴县东南45公里黑茶山脚下的东会乡庄上村，是为纪念王若飞、叶挺、秦邦宪等烈士而建造的，始建于1960年，1996年经过扩建整修，陵园宏伟壮观，面貌焕然一新。2006年，陵园展室进行整修布展，并对外开放。

　　整个建筑坐北向南，有大厅五个，陈列着烈士灵位、遗像、悼词、简历、记事碑等，以及烈士生前进行革命活动的实物和图片。陵园建筑采取对称结构，风格古朴肃穆。进入陵园，一排青石台阶径直通往山腰处的烈士墓地，高耸的汉白玉烈士纪念塔树立在台阶正中央。塔尖上有中国共产党党徽，塔顶最高一层四面各镶嵌一颗镏金五角星，代表中国人民的解放事业。塔身正面嵌着毛泽东手书的"为人民而死，虽死犹荣"的镏金大字，正面塔座上雕砌了一只汉白玉花环，塔座右侧勒记《"四八"烈士遇难碑记》，左侧勒记《历史的丰碑——"四八"烈士陵园重修碑记》。

"四八"烈士纪念馆1986年10月15日被国务院确定为全国重点烈士纪念建筑物保持单位；1995年1月被民政部命名为"全国爱国主义教育基地"；2006年10月被山西省政府命名为"山西省国防教育基地"；2017年1月，被列入全国红色旅游经典景区名录。

引文 | YINWEN

"行走吕梁"游记
——"四八"烈士纪念馆参观记

解德辉

当人们提起黑茶山时，自然就联想到了"四八"烈士；

当人们缅怀"四八"烈士时，又自然想到了黑茶山。

黑茶山与"四八"烈士结下了不解的历史渊源。这个曾经名不见经传的黑茶山，因"四八"烈士在此留下的一场旷世空难而震惊中外。

当"四八"烈士纪念馆在此建馆，不仅供世人缅怀、参观学习，又使黑茶山成了红色的黑茶山，成了解放战争时期国共两党重庆谈判的历史见证，成了和平友好的历史见证地，成了我党进行革命传统教育的重要基地。如今这里是全国重点文物保护单位、全国百个红色旅游经典景区、全国爱国主义教育示范基地、山西省文物保护单位和吕梁市爱国主义教育基地。

对于"四八"烈士为祖国和平民主伟大事业而光荣牺牲的英雄事迹，早有耳闻，铭记于心；对"四八"烈士们英年早逝、壮志未酬，悲痛万分，深感惋惜。丙申之年，季冬时节，笔者怀着崇敬之心、缅怀之情，第一次前往兴县"四八"烈士纪念馆参观。走近纪念馆，首先看到大门前不远处路中间耸立着一棵笔直、高大、挺拔的树，第一眼给笔者一种异样的感觉。带着好奇心，笔者便询问纪念馆管理员尹拯山同志，他说：这棵树是杨树，古称红心杨，又称五星杨，还称钻天杨。你可别小看这棵树，它既象征着红色的旗帜，又象征着红色的记忆，更象征着每位中华儿女心中的旗帜。仔细端详着，用心品味着：旗帜引领前进方向，旗帜凝聚奋斗力量。感悟其中，仿佛看到了那飘扬的五星红旗，勾起了笔者对英烈长存的历史记忆。

走近"四八"烈士纪念馆旧馆大门，门楣上悬挂"四八烈士纪念馆"匾额。门两侧有一副十分醒目的挽联：巍巍黑茶山忠魂永驻，潺潺湫水河记忆长存。

跨过门槛，步入纪念馆大院，眼前是苍松翠柏，郁郁葱葱，顿感人生充满了绿色的希望。正北大厅在黑茶山映衬下，仿佛已铸刻于大山之中，正厅门柱上又书写着一副挽联：英雄早逝留遗恨未能扭能乾坤，同仁奋起争朝夕定可改天换地。

正厅悬挂着"四八"烈士遗像，遗像下方中间是毛泽东题词：为人民而死，虽死犹荣。最令人感慨的是这样一副挽联：仗国干城共赴和平征途路上坠忠魂黑茶山挥泪，旷世英豪同蹈国难苍穹云巅殒将星湫水河含悲。

在正厅（烈士祠）中央，立着一块石碑，是烈士后人题写的"黑茶山"三个大字，伫立碑前，仿佛又回到那些悲痛的日子……

踏上石阶，看到了庄严肃穆的烈士纪念祠，对"四八"烈士的敬意油然而生。从后中门出来，但见这里有一个偌大的广场，仿佛体现着英雄们的豁达胸怀，告诉后人追溯他们的历史时代，学有所成。置身此处，眼前看到的是去年建成的"四八"烈士纪念馆新展馆，若从空中俯视，由镰刀、斧头、党徽标志组成的造型，意味着人心向党。顺着这条四台八段寓意"四八"烈士中道，脚踏烈士足迹，一直上行，当登上纪念馆新馆前广场，环顾四周，每个人都可以感受到烈士忠勇报国的伟大创举。

站在纪念馆新馆前的平台上，环顾四周，只见四面环山，群山朝拜。纪念馆背依黑茶山，东有白龙山侍立，西有洞山护绕，南有二青山朝拜，远古至今，万木峥嵘，山林滴翠。正前方山脚下涌出七股泉水，俗称"七海眼"，汇成了湫水河的源头，涓涓细流经湫水、碛口进入母亲河——黄河的怀抱。这青

山绿水之所，这英烈长眠之地，意在告诉后人，只有不断付出才有回报，只有不断坚持才有胜利，只有不断追求才有圆满。怀着沉痛的心情和敬仰的情怀，迈着沉重的步伐，笔者走进了"四八"烈士纪念馆新馆。

这次参观，可谓是一次精神的洗礼、心灵的净化。漫步纪念馆，一幅幅画面、一张张照片仿佛都在讲述着一个又一个可歌可泣的英雄故事。革命先烈的壮丽生涯、无私奉献精神，让笔者真切地感受到，正因为有几代优秀中华儿女的努力拼搏、无私奉献、舍身为国的英雄气概，才有我们今天来之不易的幸福生活。缅怀先烈承遗志，铸坚信念图振兴。我们永远不会忘记这个承载着历史悲剧的日子——1946年4月8日；我们永远不会忘记这些镌刻在中国革命历史丰碑上的光辉名字。烈士们坚定的信仰、光辉的思想、高尚的人格、不朽的业绩，永远是我们学习的榜样、做人的楷模。我们一定要继续发扬老一

辈无产阶级革命家的光荣传统，在学习中勤勉努力，在工作上积极进取，在生活中勇往直前。虽然我们每个人在社会中微不足道、能力有限，但我们可以尽自己所能，扮演好自己的角色，做好自己的本职工作，尽自己的绵薄之力。让我们在以习近平新时代中国特色社会主义思想指导下，凝神聚力，奋发图强。正如在纪念馆副厅看到那架飞机时所想到的：今天看到这架飞机，明天我们将借助这架飞机的精神力量，让每位中华儿女共同放飞蓝天，放飞梦想，实现每位中华儿女心中的中国梦。

■■解读■■

本文作者解德辉，网名"宁静致远"，为吕梁市作家协会会员、吕梁市摄影家协会会员、国际摄影协会会员、吕梁市民间文艺家协会会员。本文是作者参观"四八"烈士纪念馆后写的一篇文章，感情真挚，笔触细腻。

扩展 | KUOZHAN

◆兴县大明绿豆

大明绿豆是兴县特产，豆粒大，颗粒饱满，色泽明亮，无杂色，无污染，营养丰富，是绿豆中的上品。大明绿豆味甘性寒，具有清心降火、润肺消暑的功效。在1993年山西省首届农业博览会上荣获优秀奖，2000年获全国农业博览会金奖。是国家级非物质文化遗产以及地理标志农产品。

◆软米

软米由兴县传统种植的黄黍子碾制而成，米粒浅黄色，较一般米粒大而圆，含有丰富的蛋白质和氨基酸。用其制成的油炸软糕，食之酥软可口，是山西有名的小吃之一。该产品曾在1996年山西省优质小杂粮畜产品评销会上荣获铜奖。

武则天纪念馆

简介 | JIANJIE

武则天纪念馆（当地百姓称为"则天庙"）位于山西省文水县。它西靠吕梁山，东傍文峪河，是一处山清水秀的名胜古迹。

则天庙以武则天女皇的特定身份和它本身的文物价值名扬中外，是全国唯一一座女皇主庙宇。1996年12月，被公布为国家级文物保护单位。纪念馆原建于唐代，现存结构是金皇统五年（1145）重建的，殿内与顶部仍保留着一对唐代金柱与部分唐瓦唐砖。庙内有武则天政绩陈列，武则天家族史料陈列，全国与武则天有关的名胜古迹陈列。游客在此不仅可以看到这位封建时代杰出女政治家的不朽业绩，还可以看到她留在全国的文化遗产。

引文 | YINWEN

女皇
黄光任

巾帼英才扭乾坤，一代女皇绝古今。
虽为妩媚入宫闱，却因智谋赎尼身。
孤凤展翅腾龙位，弱女挥手伏众臣。
功过论争千秋去，无字碑上遍诗文。

■■解读■■

此诗作者黄光任，为中国唐史研究会会员、武则天文化研究会会员、毛泽东诗词研究会会员、陕西作家协会会员。在中国几千年的封建历史中，有无数的皇帝，但是武则天是唯一的女皇帝。其人生历程艰险曲折，但是功是过也让后人说不清、道不尽。

山水环抱文水十景 探寻女皇称帝历程
卢亚

这样一位叱咤风云的一代女皇，根在山西。《唐会要·卷三·皇后》记载，她的祖籍是并州文水县，也就是今天的山西省文水县。如今的文水县南徐村仍存有武则天纪念馆。

纪念馆西傍吕梁山，东靠文峪河，风景宜人，高高耸立在国道东侧的则天故里石牌坊，是其标志性建筑。纪念馆占地2.6万平方

米，则天庙位于馆内正北处。步入则天庙山门，首先看到的是武则天汉白玉石雕像及宋庆龄的亲笔题词，背面刻着中国老一辈革命家、史学家张稼夫题写的文字，西侧是"升仙太子碑"。雕像后面是全国唯一女皇祀庙则天圣母庙。

则天圣母庙的中心建筑始建于唐代，现存结构是皇统五年（1145）重建的，属宋金建筑中的杰作。正殿内神龛前部斗拱制作精美。神龛上方有一条悬塑行龙，它头小颈细，前腿腾飞，后腿猛蹬，回头顾后，造型别致、生动优美，是武则天以女人身份登基称帝的典型象征。

…………

对于武则天，从唐代开始，历来有各种不同的评价，角度也各不相同。唐代前期，对武则天的评价相对比较积极正面，但随着时间的推移，特别是司马光所主编之《资治通鉴》，对武氏严厉批判。明末清初的时候，著名的思想家王夫之曾评价武则天"鬼神之所不容，臣民之所共怨"。

不可否认的是，武则天善治国、重视延揽人才，首创科举考试的"殿试"制度，而且知人善任，重用狄仁杰、张柬之、桓彦范、敬晖、姚崇等中兴名臣。国家在武则天主政期间，政策稳当、兵略妥善、文化复兴、百姓富裕，故有"贞观遗风"的美誉，亦为其孙唐玄宗的"开元之治"打下了长治久安的基础，武则天对历史作出了巨大的贡献。李白把武则天列为唐朝"七圣"之一。这些在《旧唐书·则天记》中均有记载。

■■■解读■■■

本文节选自2020年9月1日《山西青年报》。这篇文章对武则天纪念馆做了全面细致的介绍，让我们仿佛置身于肃穆恢弘的纪念馆内，感受女皇不一样的人生经历，学习她百折不挠的精神。

《无字碑前说女皇——拜谒则天庙》
李春耕

梁恒唐是研究武则天的专家，曾担任过武则天纪念馆的馆长。他介绍说：则天庙以武则天女皇的特定身份和它本身的文物价值名扬中外，是全国唯一的女皇庙宇。这座庙宇又称则天圣母庙，原建于唐代，据《旧唐书·玄宗本纪》记载："天宝七年（748），上御兴庆宫，受册尊号，大赦天下，百姓免来载租庸。三皇以前帝王京城置庙，以时致祭。其历代帝王肇迹之处，未有祠宇者，所在各置一庙。"文水县南徐村是武则天故里，当时百姓们种着武家的采邑，受着免税的皇恩，为女皇修庙供奉是顺理成章之事。所以，最晚在唐玄宗天宝七年已有了这座庙，到现在则天庙顶部与神龛基座上还留有部分唐瓦与唐砖，神龛后侧的两根粗大的金柱仍然是唐代原物。

…………

在探讨武则天的功过是非问题时，这位已经研究了武则天20年的老专家显得有些激动。一千多年来，朝代更替，风云变幻，但男尊女卑的陈规却始终没有被摧毁，它使武则天蒙受了千年的责骂，政绩被抹煞，个人隐私被张扬，她的庙宇被改名为则天水母庙，历代的维修也受到了限制。党的十一届三中全会后，文物事业受到了重视，则天庙才得到陆续的拨款维修。1988年武则天纪念馆成立，担负起了保护、维修和开发则天庙的工作，大修了正殿、东西偏殿，新建了山门(碑碣)。同时还开展了另一项工程，就是弘扬武则天政绩，为武则天正名……我庆幸自己看到的是一个焕然一新的则天庙，一个真正的、中国历史上唯一的女皇形象。走进则天庙山门，第一眼看到的便是武则天汉白玉石雕像，雕像雍容典雅、端庄肃穆，深邃的目光凝视着远方，充分显示了一位治国之才的风采。雕像是中国老一辈革命家、史学家张稼夫于1987年提议建造、1988年建成的。雕像底座正面镌刻着宋庆龄的亲笔题字：武则天是中国历史上唯一的女皇帝，封建时代杰出的女政治家。这位伟人对武则天公正而又肯定的评价，使人感到耳目一新。雕像底座后面是张稼夫题写的文字，认为武则天上承贞观下启开元，将盛唐一代王朝治理为世界强国，其历史地位应肯定，按照历史唯物主义理论，实事求是，去伪存真，理当为之正名。对武则天的客观评价让人感受到了改革开放给史学界带来的宽松环境和共产党人以实事求是为本的伟大胸襟。

■■ **解读** ■■

本文节选自2003年第4期《今日山西》。通过作者饱含深意的文字，我们感受着无字碑上的泪与血，赞叹这位奇女子的传奇人生和执著坚韧。诚如宋庆龄对她的诚恳评价：武则天是"封建时代杰出的女政治家"。

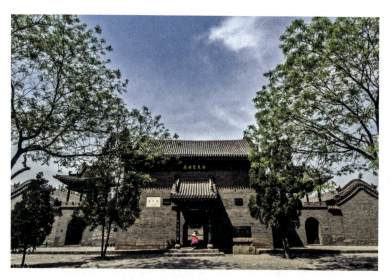

◆文水鈲子

文水鈲子为国家级非物质文化遗产，是流传于吕梁市文水县境内独特的民间乐种，又因其主要流行于岳村一带，故又称岳村鈲子。岳村鈲子与当地民众生产方式、生活习俗紧密相关，主要用于旧时祈雨，具有浓郁的黄土高原风情，风格豪放粗犷、奔放热情，传承着华夏农耕文化的精髓。

◆文水葫芦制作技艺

文水葫芦制作技艺是国家级非物质文化遗产。其制作技艺源远流长，以葫芦为载体，以烙刻为手段，辅以针刻、彩绘、镂空、浮雕等工艺，应用勾、勒、点、染、擦、白描等手法，达到艺术和自然的完美结合，成为民间艺术百花园中的一朵奇葩，具有较高的艺术价值、收藏价值、欣赏价值和社会价值。现在葫芦产业已经成为文水吴村一带最具代表性和最具特色的文化产业，形成了种植、加工、销售一条完整的产业链。

刘胡兰纪念馆

简介 | JIANJIE

　　刘胡兰纪念馆坐落在山西省文水县刘胡兰村（原名云周西村）村南。前身为刘胡兰陵园，1957年1月12日落成并对外开放。1959年和1976年曾两次调整布局，重新整修后改称"刘胡兰纪念馆"。馆内主要陈列了刘胡兰烈士的74件遗物和反映其生平事迹的生动形象的绘画及各种文献资料。陈列内容以时间为线，分为"英雄的童年""革命的起步""斗争中成长""无私的奉献""壮烈的诗篇""光照后来人"六个部分。半个多世纪以来，数千万人络绎不绝地前来参观访问，追悼烈士的英雄事迹，学习烈士的革命精神。

　　刘胡兰纪念馆是中宣部命名的"全国百个爱国主义教育示范基地"，是团中央、民政部命名的"全国青少年教育基地""爱国主义教育基地"，国家教委（现教育部）、团中央、民政部、文化部、国家文物局、解放军总政治部联合命名的"全国百个中小学爱国主义教育基地"，也是山西省、吕梁地区确定的"爱国主义教育基地""德育基地"和"国防教育基地"。

引文 | YINWEN

"行走吕梁"游记
——刘胡兰纪念馆参观记
解德辉

历史的风雨尽管无情，但不能冲淡人们对英雄的敬仰；岁月的河流尽管匆匆，却不能冲掉人们对英雄的怀念。诚然，在每个人心中可能有无数耳熟能详的英雄人物，但笔者唯独不能忘记的是少女英雄——刘胡兰。忠于党、忠于人民的高贵品质，不屈不挠、勇于牺牲的革命精神，令人无比敬佩。吕梁山因她而生辉，吕梁人因她而自豪。如果有人问吕梁山有啥出名的，吕梁人会骄傲地脱口

而出："一本书"和"两个女人！"所谓"一本书"即《吕梁英雄传》，所谓"两个女人"即女皇武则天和女英雄刘胡兰。当然，巍巍吕梁山，滔滔黄河水，还有很多很多出名的人……

刘胡兰，一个响亮而让人难忘的名字，一个伟大而令人敬佩的英雄。"刘胡兰"几乎成为一个时代的象征。从上小学时候起，刘胡兰"怕死不当共产党员"的英雄形象，就深深地印在我脑海里挥之不去，可以说是刘胡兰英雄故事教育、激励着我一步步成长。

提起刘胡兰，说句实在话，几十年来，

她在我心目中一直是一个15岁的少女英雄形象。也正如郭沫若诗云："光荣的刘胡兰,虽死犹生,你永远是15岁的同志。"慕其名,向往之。2018年1月12日,欣闻文水县隆重举行纪念刘胡兰英勇就义71周年大会,顿时勾起对刘胡兰烈士深切怀念之情。戊戌之年,孟春时节,带着缅怀之情,怀着崇敬之心,我与朋友相伴,走进文水县,走进刘胡兰纪念馆参观。

刘胡兰纪念馆,位于文水县云周西村(今刘胡兰村)村南,距文水县城17公里,距太原市区85公里,东接大运公路,西连307国道,纪念馆与其周边的晋祠、卦山、玄中寺、武则天纪念馆、杏花村汾酒厂、乔家大院、渠家大院、曹家大院、平遥古城等诸多景点连成一线,构成了三晋旅游热线。

刘胡兰纪念馆,前身为"刘胡兰陵园",始建于1956年,1957年1月12日落成并对外开放,1959年更名"刘胡兰纪念馆"。1959年、1976年曾两次调整布局、整修扩建,总占地面积6.3万余平方米,由纪念广场、纪念碑、刘胡兰生平事迹陈列室、影视室、书画室、七烈士纪念厅和群雕、陵墓、刘胡兰雕像、碑亭、烈士被捕受审就义原址等组成,以纪念碑和陵墓为中轴线作对称分布,彰显了凝重典雅的建筑风格。

经查阅相关资料得知,刘胡兰纪念馆在全国拥有"两个第一":其一,占地面积在全国个人烈士纪念馆中位居第一;其二,刘胡兰是由毛泽东、邓小平、江泽民三代领导人亲笔题词的唯一一位革命烈士。该馆现为

"全国重点烈士纪念建筑物保护单位""全国百个爱国主义教育示范基地""全国青少年教育基地""全国百个中小学爱国主义教育基地",也是山西省、吕梁市命名的"爱国主义教育基地""德育基地"和"国防教育基地"。

走进纪念馆大门,首先映入眼帘的是开阔的纪念广场,花坛中央矗立着一尊高大的汉白玉纪念碑,碑身正面镌刻毛泽东同志亲笔题词"生的伟大,死的光荣"。这八个金黄色大字赫然入目,是毛泽东对刘胡兰一生的崇高评价。碑身背面镌刻着由郭沫若亲笔书写的《中央晋绥分局关于追认刘胡兰同志为中共正式党员的决定》。一个风华正茂的少年,鲜花一样的少女,为了革命事业,1947年1月12日被捕,面对敌人的铡刀,她毫不畏惧,表现出一名共产党员大无畏的崇高精神,最终献出了年仅15岁的生命。碑身后面不远处就是"刘胡兰史迹陈列馆",占地3000平方米,呈槽形建筑风格,悬挂于正面栏柱中央的馆名牌匾,由郭沫若亲笔题写。

走进陈列馆,首先看到的是一个宽敞的大厅,在正面及左右墙壁上有三幅浮雕,反映了刘胡兰、七烈士和刘胡兰参加革命活动的情况,正下方鲜花簇拥中立着一块花岗岩,上面镌刻着前言、简介。三幅巨幅浮雕在墙顶党徽的映衬下显得格外严肃庄重。据导游介绍,陈列室里展陈了烈士遗物74件,还有大量的文献资料以及雕塑、绘画、诗歌、题词等,陈列馆以时间为线索,分"风雨中成长""烈火中永生""永恒的精神"三大部分

展陈，同时采取现代声光电和多媒体相结合的方式，将文字、图片、文献等资料精彩呈现，多角度、全方位地反映了刘胡兰短暂而光辉的一生。穿越时空隧道，我仿佛走进了一个真实而又生动的年代，真切地感受了烈士当年走过的革命道路。

漫步各个展室，观赏品读其间，走近刘胡兰当年站岗放哨的画面前，现实与过去，形成了强烈鲜明的对比，顿生感慨。珍惜来之不易的幸福，是我们每一个人的共同心声。墙上挂着一幅幅剧照，记录了刘胡兰的童年生活，还有她的学习和成长经历，以及从小立志革命、追求上进的事迹。靠墙一周陈列着古旧的件件遗物：草筐、纺车、手枪，还有见证她成长的煤油灯……一幅幅画面，仿佛把我带到了当年的情境中。特别是当刘胡兰明知第二天将要发生的危险，但她临危不惧，表现出惊人的镇定，洗衣、做饭、收拾衣物、与亲人话别，视死如归的英雄气魄令人敬仰！几处仿真的塑像场景，让人身临其境，有一种惊心动魄的感觉。印象深刻的场景有：民兵手持钢枪在村口站岗放哨；村里的民兵趁着夜色张贴"打倒日本帝国主义"的标语；刘胡兰入党宣誓情景。前两处都配有声控，当我一走近，就发出极其恐怖的声音。第一幅是鸟儿的扑棱声，接连不断。鸟儿们好似受到敌人的惊扰，在给民兵们通风报信。第二幅是"汪汪"的狗叫声。那声音惟妙惟肖，让人有身临其境之感，听了腿肚子还直哆嗦，就像电影中经常见的鬼子进村，鸡犬不宁。第三处从人物的动作神态、

衣着表情到周围的场景设置，都极富真实性，倍感真切，激起心中沉寂的热情。这些场景的设置，让我亲身感受到战争的残酷。

在陈列馆的后面，正对的是七烈士纪念厅。这里苍松翠柏郁郁葱葱，与刘胡兰同时遇难的烈士塑像就安放于此。在七烈士纪念厅后面，就是刘胡兰烈士陵墓，刘胡兰烈士的忠骨被埋在正面高台上。台上苍松翠柏，墓上绿草茵茵。墓前耸立着8米高栩栩如生的刘胡兰汉白玉雕像，再现了刘胡兰当年的英雄风采。雕像西侧是碑亭，东侧是"生死树"，也是刘胡兰烈士被捕处，观音庙是烈士受审处，石雕花圈为烈士们就义处。

行走在纪念馆幽静的院落里，我感到有一种肃穆的空气在流淌，英魂若在。内心不住地在想：刘胡兰，这样一个年纪轻轻的少女，在当时如此严峻而残酷的情境下，她是如何面对，又是如何大义凛然地走向敌人铡刀的？是什么样的坚强信念，让一个15岁少女视死如归、坦然面对凶残的敌人？这答案原本就已存在于每个人的心中。"胡兰精神永放光芒！"走出刘胡兰史迹陈列馆，我不禁再次发出这样的感叹。刘胡兰大无畏的革命精神，其实是不分国界、不分时间、不分地域的。因为无论何时、不管身处何地，爱国主义精神是永远不会褪色的。刘胡兰纪念馆里一幅幅生动的画面、一个个惊险刺激的镜头、一段段历历在目的场景，远比那些枯燥的文字、干巴巴的教科书以及老师苦口婆心的说教，更要生动无数倍。虽然我早已熟知刘胡兰的故事，可此行实地参观

瞻仰，亲身观赏感悟，不仅增添了对烈士的敬仰之情，而且增添了对敌人的憎恨之心，在此我要真诚地感谢我们的党和政府为英雄刘胡兰建馆存史励人。诚然，刘胡兰纪念馆虽然不像故宫那样金碧辉煌，也没有长城那样雄伟壮观，但这里却有中华民族的光辉历史，又有中华民族坚强的意志，更有中华民族的希望和未来！此时，我思绪飞扬：李大钊面对绞刑架进行了最后一次演讲；江姐整好衣服和头发从容就义；狼牙山五壮士英勇跳崖……这一幕幕壮举浮现于眼前，耳边还萦绕着一曲曲壮丽的凯歌："丹心已共河山碎，大义长争日月光。不作寻常麻篑死，英雄含笑上刑场。"烈士们那铮铮铁骨、执着追求，深深震撼我心。为了革命理想，为了伟大事业，他们死而无憾，用自己的鲜血和生命筑就了共和国坚实的基石。走

进新时代，踏上新征程，展现新作为。我们学习刘胡兰精神，就是要学习她崇高的共产主义信仰、对党忠贞不渝的坚定信念；学习她为祖国、为人民解放而勇于牺牲的革命精神；我们就是要从刘胡兰身上汲取新的伟大的精神力量，把不怕困难、不畏艰险的奉献精神和革命意志转化为新时代改革创新、奋发有为的实际行动。不忘初心，牢记使命，在习近平总书记新时代中国特色社会主义思想指引下，为建设富强、民主、文明、和谐、美丽的新中国，为实现中华民族伟大复兴的中国梦而努力奋斗！

■■ 解读 ■■

这是作者参观刘胡兰纪念馆后写的一篇感人肺腑的文章。那些巾帼不让须眉的英雄们，似一朵朵铿锵玫瑰，在风雨中怒放。

◆文水葡萄

远在唐宋时期，文水县的葡萄就极负盛名。其品种多样、味道清甜。据清光绪九年（1883）《文水县志》载："正贡三大箱，每箱内各三小箱，一箱十斛，俱用黄绫装裱解京。随正贡又有解省副贡，相沿也久。"可知在清朝文水葡萄是作为贡品进献皇宫的。

◆流尖和子饭

流尖和子饭亦称"混混饭"，属稀饭类。做饭的时候把小米放在水中，再放入山药（马铃薯）块一同煮。快熟时，把莜面均匀地撒在稀饭里，边撒边搅，不要让莜面结成干面疙瘩。要连接不断地搅动，直到看不见干面的痕迹，再煮一会儿，闻到莜面香味，就可以食用了。这种食物面嫩菜鲜，容易消化。